语法六讲

沈家煊 著

图书在版编目(CIP)数据

语法六讲/沈家煊著.—北京:商务印书馆,2011(2025.9重印)
ISBN 978-7-100-08389-8

Ⅰ.①语… Ⅱ.①沈… Ⅲ.①汉语—语法—文集
Ⅳ.①H114-53

中国版本图书馆CIP数据核字(2011)第096074号

权利保留,侵权必究。

语 法 六 讲
沈家煊 著

商 务 印 书 馆 出 版
(北京王府井大街36号 邮政编码100710)
商 务 印 书 馆 发 行
北京虎彩文化传播有限公司印刷
ISBN 978-7-100-08389-8

2011年12月第1版　　开 本 880×1230　1/32
2025年9月北京第4次印刷　印 张 6¼

定价:46.00元

前　言

这里收录的是近几年里我在国内外一些大学和研究所所做的六个演讲，有的题目在多个场合讲过，内容都是跟汉语语法研究有关的，涉及近年来我读书、思考、观察和研究的一些问题。不少的内容还以论文的形式在期刊上发表过，演讲的时候或换了一个角度，或做了一些综合，并增加了一点通俗性。自认为这些内容还有点意思，而演讲的时候因为时间所限讲稿中有一些就跳过去没有讲，现承商务印书馆不弃，将这些讲稿全文刊印出版，总括取名《语法六讲》。我要感谢每次演讲后听众的提问，让我知道哪些地方没有讲清楚，哪些地方不用多讲，还有哪些问题需要进一步地思考和反思。如果有人发现这本小册子的内容有跟当时提供的讲稿不完全一致的地方，那是我已经根据听众的提问做了一些修改和补充。

沈家煊

2011.9.29

目 录

第一讲 汉语语法研究摆脱印欧语的眼光 ……1

第二讲 谈谈"摆事实和讲道理"——语法研究方法示例 ……………………35

第三讲 为什么说汉语的动词也是名词?——语法研究的破和立………………65

第四讲 说,还是不说?——虚词研究的一个重要问题……………………98

第五讲 "语法隐喻"和"隐喻语法" ……123

第六讲 为什么研究语言中的整合现象? …156

第一讲　汉语语法研究摆脱印欧语的眼光[*]

诸位，我先要感谢立命馆大阪孔子学院的邀请，也感谢中川先生主持我的演讲。我要讲的这个题目就不用多做解释了，下面就直接开始讲。

一百年来两个"不停息"

回顾历史，一百年来先觉先悟的中国知识分子为实现中国的"现代化"，纷纷从西方借鉴先进的理论和方法。"从别国里窃得火来，本意却在煮自己的肉。"这是鲁迅的话。在中国的语言学界，从《马氏文通》（1898年）开始，我们向西方借鉴语言理论和研究方法的努力也一直没有停息过。我想强调的一点是，还有一个同时存在的"不停息"，那就是我们想摆脱印欧语的研究框架、寻找汉语自身特点的努力也一直没有停息过。1949年以来，在汉语语法研究方面有过三次重大问题的

---

[*]本内容曾于2010年12月5日在大阪立命馆孔子学院、12月8日在神户外国语大学中国语学科做过演讲。

讨论：一是汉语词类问题的讨论；二是汉语主语宾语问题的讨论；三是汉语单句复句问题的讨论。这三次大讨论都反映了上面两种看上去方向相反的努力，特别是后一种努力。最近我们又在对汉语的词类问题展开新的讨论，这次讨论的特点是有从事中文信息处理的人参加，讨论者也更加自觉地把汉语放到世界语言的范围内来考察，可以说是体现了这个时代的特点。

吕叔湘先生和朱德熙先生是在汉语语法研究上卓有成就的两位前辈，他们在晚年分别说了两段引人深思的话，可以说是在敦促后来者还要继续摆脱印欧语的眼光，我把这两段话照录下来：

> 要大破特破。……要把"词"、"动词"、"形容词"、"主语"、"宾语"等等暂时抛弃。可能以后还要捡起来，但这一抛一捡之间就有了变化，赋予这些名词术语的意义和价值就有所不同，对于原来不敢触动的一些条条框框就敢于动它一动了。
>
> （吕叔湘《语法研究中的破与立》）

> 中国有一句成语叫"先入为主"，意思是说旧有的观念的力量是很大的。我们现在在这里批评某些传统观念，很可能我们自己也正不知不觉之中受这些传统观念的摆布。这当然只能等将来由别人来纠正了，正所谓后之视今，亦犹今之视昔。不过就目前而论，能向前跨一步总是好的，哪怕是很小很小的一步。
>
> （朱德熙《语法答问》"日译本序"）

对"汉语的特点"已有的认识

我想先说一说我们对于汉语不同于印欧语的特点已经取得哪些认识,只能挑主要的说。

第一,汉语里语素的地位不亚于词的地位。这是吕叔湘先生的话。组词造句的单位就好比建房盖楼的用材单位,有大有小。建材单位是小的砖块、大一点的空心砖,还是更大的预制板?造句的单位是语素、词,还是固定的词组?印欧语的基本造句单位是词,汉语里作为基本的造句单位,语素的地位不亚于词的地位。汉语里的双音词很多是"离合词"——可离可合的词,或者是"短语词"——像词又像短语的词,例如:

  慷慨 别慷我的慨。
  提醒 不用你提我的醒。
  放松 你就放你的松吧。
  结婚/示威 你结你的婚,我示我的威。
  演出 等赚够了钱,我可能不会演太多的出。

最后这个例子是从电视采访节目中听来的,香港著名的小提琴家李传韵喜欢玩车,他说等我赚够了钱就去买好车开好车,不用"演太多的出"了。哎呀,连"演出"都能这样拆开来用。

这是因为汉语受汉字的影响,构成一个复合词的音节一般都有意义,即便是没有意义的音节也会赋予它一个意义,例如:

  不管是马克思还是牛克思

管他是托尔斯泰还是托她斯泰

一个音节一个语素,一般如此。音节有很强的独立性,可以再从复音词里离析出来成为造语造句的成分,例如"形状"和"状态"里的"状"就可以离析出来做造语造句的成分:

他又做出一本正经状

做欠了他八百辈子债状

比较英语和汉语,要是英国人照汉语"你结你的婚,我示我的威"说出"You mar- your -ry, and I de- my -monstrate"这样的话来那简直不可思议,而学了一点英语的中国中学生却会说出"你quali-得-fy,我quali-不-fy"("你够得上,我够不上")这样的洋泾浜来。

第二,汉语里语素和词、词和词组的界限不清。吕叔湘先生说,辨认语素跟读没读过古书有关系。

经济经济,<u>经世济民</u>。

书信 — 信使 — 信用

比如"经济",一般人觉得它跟"逻辑"一样,不能分析,读过点古书的人就说这是"经世济民"的意思,"经"和"济"可以分开讲,是两个语素。书信的"信"和信用的"信",一般人觉得意义连不上,念过点古书的人知道可以通过信使的"信"把两种意思连起来,意思可以连起来,那么"信"只是一个语素。

词和词组的界限也不清楚。有人曾经做出以下的区分:

驼毛(词）　　羊毛(词组）

鸭蛋(词）　　鸡蛋(词组）

"驼"不能单用,"羊"能单用,"鸭"不能单说,"鸡"能单说,所以"驼毛"和"鸭蛋"是词,"羊毛"和"鸡蛋"是词组。"鸭"不能单说那是在北方,在南方是可以的,记得朱明瑛唱"左手一只鸡,右手一只鸭"。这样的区分不能说一点没有道理,但是跟一般人的语感不符,显得做作而可笑,同时也证明汉语里词和词组的界限还真是不容易划清楚。

有人问我对"字本位"理论怎么看待?我就顺便说一说我的看法。"字本位"对古代汉语比较适用,对现代汉语已经不大适用,要突出语素的地位,把话说到"汉语里语素的地位不亚于词的地位"就可以了。现代汉语的词典大多是字本位,字头下面列词条,但是也有直接列词条的。那么有人会追问什么是现代汉语里的"词"呢?我的回答是,现代汉语里典型的"词"同时是韵律词、词汇词、语法词。韵律词是双音词,例如"羊毛",尽管"羊"和"毛"都能单用单说。词汇词的意义不是两个成分简单的加合,例如"甘苦",你知道"甘"和"苦"的意思,还是要有人告诉你"甘苦"是什么意思。语法词的两个成分不能扩展,当中不能插入其他成分,例如"大车"不等于"大的车",跟"大树"不一样,不能说一棵"小大树",但是可以说一辆"小大车"。

第三,汉语动词做主宾语的时候没有"名词化"。这是朱德熙先生坚持的观点,我认为是我们在摆脱印欧语眼光的道路上向前跨出的重要的一步,虽然还总是有人提出不同的意见。朱先生说,汉语的动词和形容词无论是做谓语还是做主宾语,都是一个样子，传统的汉语语法著作认为主宾语位置上的动词、形容词已经名词化了，这是拿印欧语的眼光来看待汉语。就汉语本身的实际情况来看，动词和形容词既能做谓语，又能做主宾语，做主宾语的时候还是动词、形容词，并没有改变性质，这是汉语区别于印欧语的一个非常重要的特点。我这里举几个动词做主宾语的例子，注意相应的英语动词都要变形：

<u>哭</u>没用。（Crying is useless.）

我怕<u>抓</u>。（I fear being scratched.）

你听见<u>爆炸</u>了？（Did you hear the explosion?）

<u>眼见</u>为实。（Seeing is believing.）

汉语的动词不仅可以直接做主语和宾语，还可以和名词并列在一起：

罪与罚（*crime and punish）

时间与忙（*time and busy）

吃与营养（*eat and nutrition）

人与贪（*man and greedy）

婚姻与孤独（*marriage and lonely）

傲慢与偏见（*proud and prejudice）

最后一例"傲慢"是形容词，"偏见"是名词，小说《傲慢与偏见》英文一定是pride and prejudice，不是proud and prejudice。

美国的认知语言学家乔治·莱考夫讲"本体隐喻"——也就是把抽象的动作和事件看做一个实体，他是这样用英语来表述的：

PUBLICATION IS AN ENTITY　（出版是一个实体）
　　THINKING IS AN ENTITY　（思想是一个实体）
　　HOSTILITY IS AN ENTITY　（敌对是一个实体）
　　HAPPINESS IS AN ENTITY　（幸福是一个实体）

中国人会对这种表述形式——不是对隐喻本身——提出这样的疑问，PUBLICATION、THINKING等在词形上已经表明它是一个实体，那就等于说"一个实体是一个实体"，这还是隐喻吗？在中国人看来，像下面那样表述才是本体隐喻：

　　PUBLISH IS AN ENTITY
　　THINK IS AN ENTITY
　　HOSTILE IS AN ENTITY
　　HAPPY IS AN ENTITY

　　汉语里的形容词除了做定语和主宾语还可以做谓语和状语，名词除了做主宾语还可以做定语，一定条件下还可做谓语（老王上海人，小张黄头发）和状语（集体参加，重点掌握），动词除了做谓语和主宾语一定条件下也可以做定语（调查工作，合作项目）和状语（拼命跑，区别对待）。总之，汉语词类跟句法成分之间不存在简单的一一对应关系。

　　第四，汉语词组和句子是一套结构规则。这个特点跟上面那个特点是联系在一起的，也是朱德熙先生始终坚持的观点。英语里句子是一套构造原则，词组是另一套构造原则：

　　　a. He flies a plane.　　　（他开飞机。）
　　　b. To fly a plane is easy.　（开飞机容易。）
　　　　 Flying a plane is easy.　（同上）

fly在谓语位置上是限定形式flies，在主语位置上要用非限定形式to fly a plane或flying a plane。汉语的情形不同，动词和动词结构不管在哪里出现，形式完全一样，flies a plane、to fly a plane、flying a plane用汉语说出来都是"开飞机"。按照英语语法的观点来看，主谓结构构成句子或子句，它是和词组相对立的东西。汉语的主谓结构实际上也是一种词组，跟其他类型的词组地位完全平等。它可以独立成句，也可以做句子成分，例如：

　　象鼻子长。

　　今天天气好。

"鼻子长"和"天气好"既是句子也是词组。

对"汉语的特点"新有的认识

　　关于"汉语的特点"我们已经取得的认识我已经说了个大概，下面是我要讲的重点，说说近年来对"汉语的特点"取得的新的认识，这些新认识有许多是我个人的认识，但是离不开前人和他人的研究成果。我很在意这些新认识，希望能跟诸位分享，打算分六个方面来讲。

　　一、重叠是汉语最重要的形态，一种不同于印欧语的形态手段，双音化也是一种形态手段。

　　最近看到报道，十大最佳"洋泾浜英语"评选的结果，荣登榜首的是这样一条：

　　Good good study, day day up.

好好学习，天天向上。

不知道在座诸位是个什么反应，我当时看到这个结果的反应是十分的兴奋，评得太好了，当之无愧！因为它突出反映了汉语和英语的一个十分重要的差异——重叠，而英国人要理解这个说法又没有多大困难。形容词"好"可以重叠，名词"天"也可以重叠。一个十分重要的事实是，汉语里名词、动词、形容词都能通过重叠变成摹状词（简称"状词"），请看例子：

名词重叠形成状词：

  虎 眼睛瞪得虎虎de

  肉 喜欢长得肉肉de女孩子

  山 水山山水水de画个不停

  妖精 打扮得妖妖精精de

动词重叠形成状词：

  飘 飘飘白雪飞扬在空中

  抖 母亲抬起手臂抖抖de指着干粮筐

  摇摆 花儿在风中笑得摇摇摆摆

  指点 指指点点de议论起来

形容词重叠形成状词：

  白 把脸抹得白白de

  长 长长de走廊

  随便 随随便便说了几句

  大方 衣服要穿得大大方方de

单音的名、动、形加XX也都变成状词：

单音名词XX： 夜沉沉，眼忪忪，情切切，月蒙蒙

单音动词XX： 叹连连，呼啸啸，死虎虎，笑眯眯

单音形容词XX：冷冰冰，轻悠悠，静悄悄，软绵绵

就连重叠的X本身也可以是名、动、形三类：

X为名：冷冰冰，甜蜜蜜，黑漆漆，白雪雪

X为动：圆滚滚，香喷喷，动飘飘，直挺挺

X为形：红彤彤，白茫茫，笑盈盈，病恹恹

这些重叠后置的XX本来可以前置，前置在方言里还很常见，上海话就说成：

漆漆黑，雪雪白，冰冰冷，笔笔直，喷喷香，滚滚圆，彤彤红

这些事实说明，汉语的实际是第一个层次先区分"大名词"和"状词"，"大名词"包括事物名称、动作名称、属性名称，第二个层次才在"大名词"内对名、动、形有所区分，重叠是汉语的一种不同于印欧语的重要形态手段。这就是为什么中国传统上重视"名"和"重言"这两个概念，不重视把"名"和"动"在概念上对立起来。

讲语法离不开讲结构的类型——主谓结构、动宾结构、定中结构等等，但是讲汉语的语法结构类型，单音节和双音节的区分甚至比名词和动词的区别还重要。这个话听上去很新奇，却是事实，汉语的实际是名动之别并不像想象的那么重要。《现代汉语词典》到第5版才开始标注词性，过去一直不标好像也没有什么大问题。有人告诉我，有一些中小学的语文教师一直使用《现代汉语词典》和《新华字典》教学，他们说还真没

有意识到里面有标词性的问题。现在"房屋"标为名词,"出租"标为动词,皆大欢喜,但是请诸位想一想,在没有上下文的时候你居然不知道"出租房屋"这个组合是动宾结构还是定中结构。然而改变音节的数目,把单音和双音互相搭配,"出租房"[2+1]十有八九是定中不是动宾,"租房屋"[1+2]肯定是动宾不是定中。这就是吕叔湘先生最早指出的,三音节的组合,定中以[2+1]为常态,动宾以[1+2]为常态。

定中结构: 出租房 *租房屋

动宾结构: 租房屋 ?出租房

这表明,在汉语里要确定一个组合是动宾结构还是定中结构,主要不是看这个组合的成分哪个是名词哪个是动词,而是看哪个是单音哪个是双音。同样的情形还有:

碎纸机　　　*纸碎机

?粉碎纸张机　纸张粉碎机

上下左右的对立显然也跟"纸/纸张"是名词、"碎/粉碎"是动词这一区别没有什么关系,而是跟单音双音(以及词序)有关系。"纸张粉碎机"能缩略成"粉碎机",尽管定语"粉碎"是动词,不能缩略成"纸张机",尽管定语"纸张"是名词。我最近有一项研究就是要说明汉语里单音变双音的"双音化"也是一种语法形态手段,或者叫"准形态手段",以后有机会再详细讲。也请诸位不要误会,以为我反对在汉语里区分名词和动词,我只是说名动的区分不那么重要,区分还是有用的,比如"汽车出租",你知道"汽车"是名词后一定不会把它理解为动宾结构。

二、印欧语是"名动分立",汉语是"名动包含"。

我最近提出汉语和印欧语差异的ABC,ABC也是常识的意思,为了认识这个ABC我们花了一百来年的时间,可见传统观念之强大。

    A. 他开飞机。   *He fly a plane. He flies a plane.

    B. 他开飞机。   *He flies plane. He flies a plane.

    C. 开飞机容易。*Fly a plane is easy. Flying a plane is easy.

A和C这两点差异是朱德熙先生早就坚持和强调过的,我只是指出并强调B这一点。A是说汉语的动词,例如"开",进入句子充当陈述语的时候不像印欧语那样有一个"陈述化"的过程——英语fly要变为flies,从这个意义上讲,汉语的动词就是陈述语。B是说汉语的名词,例如"飞机",进入句子充当指称语的时候不像印欧语那样有一个"指称化"的过程——英语plane要变为a plane,从这个意义上讲,汉语的名词就是指称语。C是说汉语的动词做名词用也就是充当主宾语的时候不像印欧语那样有一个"名词化"的过程——英语fly要变为flying,从这个意义上讲,汉语的动词也是名词,动词是名词的一个次类。B的例证如下:

    老虎是危险动物。

    Tigers are dangerous animals. / *The tiger* is a dangerous animal.

    老虎笼子里睡觉呢。

    The tiger is sleeping in the cage. / *The tigers* are sleeping in the cage.

他昨天终于看见老虎了。

He saw the tiger(s)/a tiger/ tigers at last yesterday.

第一句里的"老虎"是类指，指一类动物，汉语光用"老虎"，英语不能光用tiger。第二句里的"老虎"是定指，指某一只或某一些老虎，汉语还是"老虎"，英语也不能光用tiger或tigers。第三句里的"老虎"根据不同的上下文可以是定指、不定指、类指，汉语还是"老虎"，英语就要用the tiger(s)、a tiger、tigers等不同的形式。从这三个例子还可以看出，汉语不仅是光杆名词"老虎"可以充当各类指称语，光杆动词"是"、"睡觉"、"看见"充当陈述语也无须像英语动词那样发生数和时态的变形。B这一现象长期以来我们熟视无睹，倒是美国一位著名的形式语义学家看出来了，他说，啊，原来你们汉语的光杆名词是可以直接充当主语和宾语的！

范畴甲和范畴乙的对立有两种情形，一种是非此即彼的排除关系，可以叫"甲乙分立"，一种是非排除的包容关系，可以叫"甲乙包含"。前者像汉语里"男人"和"女人"的对立，后者像英语里"man"和"woman"的对立，woman也都是man，但是man不都是woman，也就是man包含woman。雅可布森早就在音位对立理论的基础上指出形态学中有后一种对立的存在。

就名词和动词的对立而言，当今的"生成语法"从英语出发认为人类语言里名词和动词的对立都是分立模式，名词是[+N]，动词是[+V]。这是只看到前一种排除关系的对立，其实人类语言还有名动包含的模式，名词是[−V]（表示名词没有标明是否具有[V]特征），动词是[+V]。我已经用好几篇文章从几个不同的角度来论证，汉语的名词和动词就属于这种包含模式。

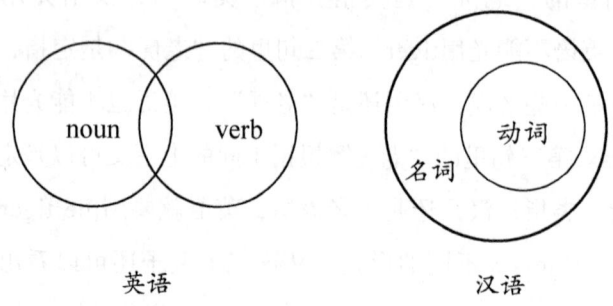

英语　　　　　　　　汉语

英语noun和verb的对立好比"男人"和"女人"的关系，而汉语名词和动词的区别好比"man"和"woman"的关系。英语的"man"有两个意思，一个意思包含woman，一个意思不包含woman；汉语的"名词"也有两个意思，一个意思包含动词，一个意思不包含动词。包含动词的名词可以叫"大名词"，不包含动词的名词可以叫"小名词"。从一个角度看，可以说汉语里名词和动词是不分的，因为动词都是名词（大名词）；从另一个角度看，可以说汉语里名词和动词又是分的，因为名词不都是动词，小名词不是动词。这个格局就是名词和动词的包含模式，动词作为一个特殊的次类包含在名词这个大类里边。

总之，用"名动分立"来描写汉语，那是印欧语的眼光，带来许多不良的后果。用朴素的眼光看汉语，采用"名动包含"的观点，汉语语法中过去有许多不好解决的老大难问题就可以得到合理的解决，有机会的时候我会专门来谈这个问题。

三、汉语的语法和用法分不大开，讲汉语语法离开用法就没有多少语法可讲。

一般认为，"主语"和"谓语"是句法范畴，"话题"和"说明"是语用范畴，句法范畴比较抽象，语用范畴比较具体。赵元任先生说，汉语句子的主语"其实就是话题"（literally the subject matter），"在汉语里，把主语、谓语当做话题和说明来看待，比较合适"。这就是把句法范畴和语用范畴合二为一了。

汉语的话题和英语的话题很不一样，这一点W.切夫也看出来了，他说，不同的语言有不同性质的话题，英语的话题是句首具有对比性的成分，而汉语的话题是"为后面的断言确立一个空间、时间或人称的框架或范围"。例如：

The pláy, John saw yésterday.

那个人洋名乔治张。

那些树木树身大。

星期天大家不上班。

天空乌云遮日。

第一例表明英语的话题，如the play，是对比的焦点，看的是the play不是别的。下面四例表明汉语的话题跟日语的话题一样只是提供一个时空框架。既然汉语的话题跟英语的话题性质不一样，那么汉语主语和话题的关系也就不同于英语主语和话题的关系。赵元任先生的话符合汉语实际，说出了汉语和英语的差异。

一般认为"句子"或sentence是句法单位，"话段"或

utterance是语用单位,也是前者抽象,后者具体。许多人将汉语的"句子"对应于英语的sentence,但是汉语里的"句子"跟英语里的sentence是不对等的,实际上相当于英语里的utterance。赵元任先生将汉语的句子定义为"两头被停顿限定的一截话语",又说在汉语口语中,不完整的"零句"(没有主语或没有谓语)占优势。朱德熙先生也说,英语的sentence包含主语和谓语两部分,转换生成语法的转写规则S→NP+VP,其中的NP和VP实际指的就是主语和谓语,而汉语"从先秦古汉语一直到现代口语,句子没有主语是正常现象","没有主语的句子跟有主语的句子同样是独立而且完备的"。朱先生将汉语里的无主句归纳为五类:

(1)打闪了。轮到你请客了。(根本安不上主语)

(2)热得我满头大汗。(陈述对象不在主语位置上)

(3)学而时习之,不亦说乎?(陈述对象泛指)

(4)打算写本书。哪天回来的?(陈述对象是言者自己或听者)

(5)怎么样?还不错。(陈述对象可以从语境推知)

这些句子要是翻译成英语就都要安上个主语,所以朱先生最后说,"确定汉语句子的最终根据只能是停顿和句调。"这样定义的"句子"恰恰等于英语里的utterance。

上面我们已经说过,汉语的名词就是指称语,汉语的动词就是陈述语,名词和动词是句法范畴,指称语和陈述语都是语用范畴,可见在这个上头汉语的句法和语用也是合二为一的。总之,句子、主语和谓语、名词和动词,这些都是讲语法的时候最基本最重要的"道具"或"理论构件",汉语和英语的这些差异反映了两种语言在语法系统上存在根本性差异。我们在讲汉语语法的时候为了照顾习惯和便于跟其他语言比较,仍然可以采用"句子"、"主语、谓语"、"名词、动词"这些名称,但是得时刻记住它们的内涵跟英语等印欧语言有重要的区别。

我还想从另外两个角度来谈这个新认识,也就是汉语的句法和语用是不大分得开的。先看下面的例子:

a. 这本书出版了。

b. ?这本书出版。

这本书出版,那本书不出版。

——这本书出版不出版?——这本书出版。

b前头打?号表示它一般不能单说,要对举着说或者回答问题的时候说。那么a和b的对立到底是句法上的对立还是语用上的对立呢?句法规则具有强制性,例如英语"this book publish"违反句法规则,在任何情形下都是不能说的。既然上面的b在一定的上下文里可以说,那就说明a和b的对立是语用上的对立,b是语用上不合适,不是句法上不合格。但是这样的回答会陷入一种自相矛盾的境地,因为我们会遇到许多类似的情形,例如:

a. 今儿怪冷的。

b. ?今儿冷。

今儿冷,昨儿暖和。

——今儿冷不冷?——今儿冷。

"今儿冷"也要对举着说、回答问题的时候说。按照上面的回答,这里b应该也是语用上不合适,不是句法上不合格,a和b的对立应该也是语用上的对立。如果有人根据这种对立把"冷"和"怪冷的"分别划归不同的类,比如像朱德熙先生那样把"冷"划归性质形容词,"怪冷的"划归状态形容词,这两个类也只能是语用的类而不是句法的类。然而,大家(包括朱先生在内)却都把a和b的对立作为句法问题来讲,都认为性质形容词和状态形容词是两个句法范畴。对汉语而言,上面这种句子能不能单说的对立是大量的,极其常见的,要是你说这些对立都是语用问题,我讲语法只讲句法不讲用法,那么你究竟还有多少句法问题可讲呢?所以我说汉语经常是离开了讲用法就没有办法讲语法,或者没有多少语法可讲,因为所谓的语法范畴、语法单位很大程度上就是由语用范畴、语用单位构成的。

再从另一个角度来讲。在比较汉语和拉丁语的词序的时候朱德熙先生举例说,"保罗看见了玛丽"在拉丁语里可以有六种说法:

Paulus vidit Mariam.　　Mariam vidit Paulus.
Paulus Mariam vidit.　　Mariam Paulus vidit.
Vidit Paulus Mariam.　　Vidit Mariam Paulus.

为什么词序会这么自由呢?因为主语有主格标记,宾语有宾格标记,动词还有跟主语相配的一致标记,所以不管词序怎么变化,谁是主语谁是宾语是不会搞错的。也就是说,这六种说法只是词序不同,结构并没有变,都是"主—动—宾"结构,词序的变化所引起的不是语法结构的变化,只是语用上的变化,如话题、焦点、视角的变化。相比之下,汉语的词序变化不仅引起这些语用上的变化,还引起句法结构的变化。例如:

我不吃羊肉。

羊肉我(可)不吃。

"我不吃羊肉"是"主—动—宾"结构,"羊肉我不吃"跟"象鼻子长"一样就是"主—主—动"结构,也就是主谓结构做谓语的结构了。再例如,如果我们按不同的分布把"打"和"挨"划归及物动词的两个小类,把"掉"和"玩"划归不及物动词的两个小类,不同的词类序列代表不同的结构,那么也能看到下面的词序变化同样引起句法结构的变化:

你淋着雨没有?(跟"布什挨着拳头没有?"是同一结构)

雨淋着你没有?(跟"拳头打着布什没有?"是同一结构)

他住在城里。(跟"孩子掉在井里"是同一结构)

他在城里住。(跟"孩子在屋里玩"是同一结构)

这些例子很好地说明,拉丁语里句法变化是句法变化,语用变化是语用变化,两者是分开的;汉语里语用变化往往同时也是句法变化,句法变化就包含在语用变化之中。

四、汉语构词法以复合为主、派生为辅,汉语的造句法也更多地采用复合的手段。

从构词法的类型上看,英语构词以派生为主,汉语构词以复合为主,这已经是公认的事实。派生构词,构成词的意义大多是"透明"的,例如英语sweetness就是一个派生词,知道根词sweet的意义,又知道词缀-ness的意义,也就知道了sweetness的意义。复合构词,构成词的意义大多是不透明的,例如"甘苦",知道"甘"的意思也知道"苦"的意思,不一定知道"甘苦"的意思,"甘苦"作为一个整体,它的意义不能完全靠它的组成成分推导出来。要突出这种整体性,这样的复合可以叫做"整合"。

当代句法学注重探究句子生成的方式,比如"生成语法"认为各种各样的句子都是由一些基础的根结构(深层结构)通过成分的"移位"、"删除"那样的句法操作派生而成的,例如英语被动句"The vase was broken by John"是从根句"John broke the vase"通过移位等变形操作派生而成的。其实句子的生成方式也有派生和复合两种,我在一系列文章中论证过,复合不仅是汉语构词的重要方式,也是汉语造句的重要方式。复合造句的方式跟复合构词的方式本质上是一致的,都是概念或词语的整合。

先看我们怎么通过复合来构词,以"的姐"一词的生成为例:

    a. 哥哥 b. 的哥

    x. 姐姐 y.(一)← xb的姐

汉语里已经有"哥哥"和"姐姐"两个词,又有"的哥"一词指"开的士的男子",但是还缺少一个词来指"开的士的女子"。于是我们取b"的哥"的一部分(它的框架加上"的"字)再取x"姐姐"的一部分(后头那个"姐"字),二者复合而成"的姐"一词，xb表示"的姐"是x和y糅合的产物。把"的姐"填入y的位置，就得到一个完整的a∶b = x∶y的方阵。通常我们说"的姐"是仿照"的哥"类推而成的，要知道凡是类推都有一个a∶b = x∶y的方阵打底，类推一定是通过糅合式的复合来实现的。

再看我们怎么通过复合来造句子。"王冕死了父亲"这个句子——注意英语不说"John died his father"，按照派生造句说，它是这么生成的：

根句"死了王冕的父亲" + 移位/删除 → 表层句子"王冕死了父亲"

其实这个句子的生成方式很可能跟"的姐"的生成方式是一致的，请看：

    a. 王冕的钱包丢了 b. 王冕丢了钱包

    x. 王冕的父亲死了 y.（一）← xb王冕死了父亲

汉语里已经有"王冕的钱包丢了"和"王冕的父亲死了"两个句子，又有"王冕丢了钱包"一句表达"王冕因为钱包丢失而受损失"的意思，但是还缺少一个句子来表达"王冕因为父亲死亡而受损失"的意思。于是我们取b"王冕丢了钱包"的一部分（它的框架加上"王冕"一词）再取x"王冕的父亲死了"的一部分（"父亲"、"死"），二者复合而成"王冕死了父亲"一句。把"王冕死了父亲"填入y的位置，同样得到一个完整的a∶b = x∶y的方阵。

我们还对其他一些看上去很特殊的句子，例如"他的老师当得好"——注意英语"His teacher teaches well"不能表达

"他当老师当得好"的意思，"老王是去年生的孩子"——英语"John is a baby born last year"也不能表达"老王的孩子是去年生的"的意思，还有"你结你的婚，我静我的坐"这样的句子，同样用糅合式复合来说明它们的生成方式。我不是说英语里就没有复合造句的情形，英语的形态正在变得越来越简化，所以复合造句的情形也变得多起来，例如下面一段话：

> Don't write anything you can phone, don't phone anything you can talk face to face, don't talk anything you can smile, don't *smile* anything you can wink and don't *wink* anything you can nod. (*Earl Long*)

董桥先生把它翻译成：

> 能够在电话里谈的事情千万不要写在白纸上；当面能谈的事情千万不要在电话里说；轻轻一笑能带过去的就千万别唠叨；眨眨眼睛示意一下既然行了，那就不要微笑；点头可以了事的则不必使眼色。

其中的smile和wink都是不及物动词，却都带上了宾语，这也是类推复合的结果：

　　　　a. talk　　b. talk something
　　　　x. smile　 y.（一）← xb. smile something

我们总要分清主次，英语虽然也有复合造句法，但是远不如汉语那么普遍和重要，就像汉语也有类似派生的构词法，但是远不如英语那么普遍和地道。

五、汉语语句的"主观性"强，"移情"的成分多。

所谓"主观性"（subjectivity）是指说话人在语句中留下

"自我"的印记,包括态度、立场、情感等。从语言类型学上讲,有的语言属于主观性较强的语言,例如日语,发达的敬语系统表明说日语的时候不可避免地要用明确的形式来表达说话人对所说内容和对听话人的态度或感情。许多东亚语言(包括汉语)的被动句带有一种"不如意"的遭受义,这也是主观性强的一种表现。汉语里的虚词大多能表达各种主观意义,比如"就"和"才"这一对副词,"吃了三碗就不吃了","就"表示"三碗"是个主观上的小量,"吃了三碗才不吃","才"表示"三碗"是个主观上的大量。近年来对虚词的主观性的研究有许多新的进展,特别是在一些语气词和所谓"话语标记"的研究方面。这个方面我今天暂且不讲,我想讲一讲句式如何表达主观性,集中讲三种表达主观性的句式——主观处置句、主观得失句、主观认同句。

1)主观处置句——"怎么把个晴雯姐姐也没了"

把字句也叫处置句,"我把他打了一顿"是我对他的处置,那么有人要问,"我打了他一顿"难道就不是对他的处置了?通常说把字句的宾语应该是有定指对象的,比如代词"他",那么"怎么把个晴雯姐姐也没了",专有名词"晴雯姐姐"自然是个定指对象,为什么它的前头还要加上"(一)个"?还有"没(mò)"在这里是个不及物动词,怎么能用在把字句表示处置呢?通常说把字句的谓语动词应该是复杂的形式,比如不说"我把他打"要说"我把他打了一顿",但是研究近代汉语的人发现,把字句最初形成的时候谓语动词却都是简单形式,这又如何解释呢?

问题的关键在于,要区分两种互有联系又性质不同的"处置",一种是"客观处置",一种是"主观处置":

  客观处置:甲(施事)有意识地对乙(受事)做某种实在的处置。

  主观处置:说话人认定甲(不一定是施事)对乙(不一定是受事)做某种处置(不一定是有意识的和实在的)。

  客观地叙述甲对乙进行了处置是一回事,说话人主观上认定甲对乙进行了处置又是另一回事,虽然两者之间不是没有联系。我在《如何处置"处置式"?》一文中论证,把字句的语法意义是表达"主观处置",传递说话人对处置对象的"移情","怎么把个晴雯姐姐也没了"表达了说这句话的人对晴雯姐姐的强烈感情。再举一个《红楼梦》里的例子,第24回里贾芸对凤姐说的一段话,里面有把字句也有一般的动宾句:

  先把这个派了我罢,果然这个办得好,再派我那个。

"先把这个派了我罢"是把字句,"再派我那个"是一般的动宾句。贾芸想方设法求凤姐,一心想得到在大观园里种花种树的"这个"差事,凤姐却拿明年还有烟火灯烛的"那个"差事来搪塞他。贾芸知道那个烟火灯烛虽然是个大宗美差,却可望而不可即,因此一心想得到的还是眼前"这个"差使。"这个"是说话人贾芸钟情的对象,因此用在把字句里做宾语,"那个"不是钟情的对象,因此用在一般的动宾句里做宾语。如果把这样的配置调个个儿,情形就大不一样:

  先派我这个罢,果然这个办得好,再把那个派我。

这种说法的意味是，贾芸好像是无可奈何地接受"这个"，一心想得到的是"那个"。

"主观处置"才好解释为什么"晴雯姐姐"前面会加"（一）个"，因为"（一）个"经常用来表达主观小量，比如"看把个大小伙子愁的！"，表达说话人对自己心目中的弱小者的同情。把字句刚形成的时候谓语动词是简单形式，后来才变为复杂形式，这个问题也能得到相应的解释，把字句用得多了，功能磨损，主观处置义的力度就减弱了，谓语动词的复杂化可以重新恢复主观处置义的力度。

2）主观得失句——"王冕七岁上死了父亲"

这个句子的动词"死"是一个公认的不及物动词，只能带一个名词性成分，句子怎么会一前一后出现"王冕"和"父亲"两个名词性成分呢？比如英语就不会说"John died his father"，这样说不合英语的语法。"王冕死了父亲"能说，"王冕病了父亲"不能说，有人说这是因为"死"和"病"分别属于不及物动词的两个小类，所属的句法范畴性质不一样。但是"王冕家病了一个人"或者"王冕病了一个工人"却能说——如果王冕是个工头的话。"王冕七岁上死了父亲"很好，"王冕七十岁死了父亲"就不好，这都是为什么？

我在两篇文章里论证，这类句子可以叫做"主观得失句"，能说不能说虽然跟客观上的得失大小有关系，但是归根结底取决于说话人是否认为得失的大小值得计较。这种句式的意义与其说是"计量得失"，不如说是"计较得失"。"计量"是客观的，"计较"是主观的。"王冕病了工人"不能说，"工人"前加上数量词"一个"后就能说了，正是表明说话人在那儿计较得失。也请诸位不要误会，我并不否认汉语里"死"和"病"可以分属两类，我的意思是这种句法类别对汉语来说相对不重要，汉语里还有更重要的东西可以压倒这种区别，"王冕家病了一个人"和"王冕病了一个工人"的说法都是说话人在计较得失，并且表达对王冕家和工头王冕的移情。属于"病"一类的不及物动词进入这种句式的例子多得很，比如：

郭德纲一开口，我们仨就笑了俩。

在场的人哭了一大片。

不到七点，我们宿舍就睡了两个人。

今天上午这台跑步机一连跑过三个大胖子。

他们办公室接连感冒了三四个人。

学校毕业了一批又一批，同学结婚了一个又一个。

3）主观认同句——"我是去年生的孩子"

有人把"去年生的"叫做"准定语"或"伪定语"，形式上是定语，但是语义上不起修饰"孩子"的作用。汉语里这种定性为"形义错配"的句子多得很，对于这类句子的生成有人提出"宾语挪后说"，原句是"我是去年生孩子的"，宾语"孩子"移到了"的"字后头，有人提出"后置主语说"，原句是"我孩子是去年生的"，主语"孩子"移到了"生的"后头。跟学生灌输这些不同的移位说不解决问题，为什么要这么移呀？移和不移到底有什么区别呢？我在《"移位"还是"移情"？》一文里论证，这类句子表达了说话人的一种移情和主观认同。请诸位比较下面的a句和b句：

  a. 我是去年生的孩子。

  b. 我是美国太太。

  a. 我是昨天出的医院。

  b. 我是协和医院。

对"我是美国太太"和"我是协和医院"这类b句，我们并不觉得有太特别的地方，因为大家承认汉语里主语和谓语之间的关系是松散的，又如"我是炸酱面"，"人家是丰年"，"他是两个男孩儿"等等。日语也是这种情况，比如"我是鳗鱼"是有名的"鳗鱼句"，假如妻子比丈夫年龄大日语就可以说"他是姐姐老婆"。那么为什么对于a句就非要说它是"形义错配"呢？只因为"我"不是"孩子"也不是"医院"吗？其实a和b的句法和语义类型是很一致的，都表达一种主观认同的意义。客观上"我"不是"孩子"，这跟"我"不是"太太"是一样的，但是主观上说话人可以把"我"和"我的美国太太"等同起来，同样也可以把"我"和"我的去年生的孩子"等同起来。"昨天出的"和"协和"一样是"医院"的修饰语，客观上"我"不是"医院"，但是主观上可以把"我"和"医院"等同起来。跟"我的太太是美国人"或"我娶的是美国太太"这样的说法相比，"我是美国太太"的说法虽然简单，但是简单产生力量，它表达了说话人对自己太太的一种强烈的移情。"感时花溅泪，恨别鸟惊心。"说话人不仅可以移情于人，还可以移情于物。"我是协和医院"就是移情于物的情形。最近看到《北京青年报》一篇报道，标题是《我是iPod》，讲在美国很多人都有一种"iPod情结",不管它出了什么新产品,它的粉丝们都会无条件地想去拥有。

讲一类句子的用法,讲个三条五条语法规则,学生很可能是"只见树木不见森林",还是在"瞎子摸象",缺乏从整体上对句式意义的感性把握。记得董桥先生说过,"人心是肉做的",语言也是肉做的,语法规则可以演绎理性的程序,却未必阐释得了感性的波谱。"樱桃红了,芭蕉绿了"是理性的陈述;"红了樱桃,绿了芭蕉"却是感性的创作。在汉语语法教学中,要使学生掌握汉语语法的特点,一项重要的工作是设法使学生体会到汉语一些重要的句式所包含的说话人的"感性波谱"。

六、英语看重"是",汉语看重"有"。

为了比较形象地说明这个问题,我先让大家看看两句名言。莎士比亚《哈姆雷特》里有句名言是"To be, or not to be: that is the question",一般翻译成"生存还是死亡,问题就在这里";曹雪芹《红楼梦》里有一句名言是"无为有处有还无",是第一回"太虚幻境"里的一副对联的下联。再来看通俗作品,美国流行歌手佩姬•李演唱的一首歌叫"Is that all there is?",我把它翻译成《如是而已》——翻得太文气了,歌中反复地吟唱"Is that all there is? Is that all there is?"赵本山和小沈阳一起演出的小品《不差钱》里的对话"这个可以有","这个真没有"已经家喻户晓。我想让大家看到,英语经常用"be"来表达一些重要的意思,汉语经常用"有"来表达一些重要的意思。

我最近的一项跟否定词有关的研究是给"是"、"存在"、"拥有"三个概念画了一张"语义地图",英语和汉语在地图上的划分方式是不一样的:

概念	英语	汉语
是	be	"是"
存在		"有"
拥有	have	

英语"be"是一大块,包括"是"和"存在"两个概念,汉语"有"是一大块,包括"存在"和"拥有"两个概念,"存在"就是"存有"。汉语里"有"是"有","是"是"是","有"和"是"是两个分立的概念。否定"有"有否定"有"的否定词"没",否定"是"有否定"是"的否定词"不"。"是"的概念在汉语里通常无须用"是"字来表达,如"陈婴者,故东阳令史"和"老王上海人"。

"是"的注意点在"做不做这件事","做不做这件事"跟"是不是这件事"一样是个"是非"问题,而"有"的注意点在"有没有这件事",不是"是非"问题而是个"有无"问题。有无问题属于直陈的语气,"是非"问题是主观判断,属于非直陈的语气。汉语"是"字的源头跟"指示"有关,引申义跟"是非"有关,都有主观性和非直陈性。汉语的"有"字三千年来同时表"拥有"和"存在",在中国人的心目中,"拥有"和"存在"有紧密的联系,可以互相转化,"X拥有

Y"意味着"X那儿存在着Y",请比较:

你还有多少钱?

你手里还有多少钱?

英语表达"是"的概念用be,表达"(存)有"的概念用there be,仍然离不开be。否定be用not,否定there be还是用not,可见英语里"是"和"有"是不怎么分的,there be"有"也是一种be"是"。英语have表"拥有",(there) be表"存在",这两个概念倒是分开的。

中国人学英语,老师首先告诉他there is的用法,提醒不要把"公园里有很多游人"说成"The park has many people",要说"There are many people in the park"。西方人学汉语,经常听到他们该说"山上有座庙"的时候犹豫不决,说成"山上是座庙"。对西方人来说,to be还是not to be,这是个首要问题;对中国人来说,"有"还是"无",这是个首要问题。

汉语的名词和动词都能用同一个否定词"没"来否定,对中国人来说"有没有这样东西"和"有没有这件事情"的区分并不重要:

| 有车 | 没有车/没车 | 有没有车 |
| 有去 | 没有去/没去 | 有没有去 |

"有去"在普通话里不怎么说,但是现在受南方方言的影响这样说的人越来越多,这也很自然,古代汉语就能这么说么!汉语历史上否定词在更替,但是不管哪个时期总是有一个否定词既否定名词又否定动词。跟汉语相反,英语里be"是"和there be"有"不怎么区分,注重的是"有没有这样东西"(没有用

no）和"有没有这件事情"（没有用not）的区分，所以首先区分的是"否定名词"和"否定动词"。

总之，西方"名动分立"而"是有包容"，"有"（there be）也是一种"是"（be）。中国"是有分立"而"名动包容"，动词也是一种名词。我觉得汉语语法中许多跟印欧语不同的地方要追根溯源的话，都会追到这个根子上，比如说，英语的"完成体"要用have，说"Have you said it?"，过去时不用have，"Did you say it?"。汉语的"有"跟英语的have不一样，"你说了没有？"，回答"说了"或者"没有说"，"有"跟表示完成的"了"相通，但是"你说过没有？""你有说过没有？"——这种说法现在在北方也经常听到——也可以用"有"。要讲清楚汉语里的"体"（aspect）跟英语的异同，就必须了解我上面画的那张语义地图。这就不能不说一说中西哲学的不同背景了，赵元任先生曾经说过下面一段话：

> [英语的]"There is"无法直译成汉语，汉语里只有"有"。"There is a man"译成"有人"。……碰巧的是，"There is"与"has"都译作"有"，而"有"字与作"是"字解的"is"没有任何关系。所以，西方哲学中有关"存在（being）"的问题很难用汉语说清楚，除非特别切断"存在"与"是"的联系，把它与"有"挂钩。

哲学界还有不少人谈到，西方哲学是围绕being而进入形而上学的思辨，而中国先秦名家则是通过对"有"的反思而进入形而上学的思辨，"有无"概念是中国传统哲学本体论中的核心概念。中国人习惯于"类比"（analogy），把"是"变成了"好像是"或者"就当是","甲,乙也"是传统的训诂学的基本格式,还有"我是美国太太"和"我是炸酱面",所以"是不是"的问题不值得深究,不值得注意。我们认为这很可能就是中国"是有分立"而西方"是有包容"的哲学背景。

还有人谈到,中国哲学很早就注意到"物"与"事"之间的联系,郑玄在界说《大学》中的"物"时,便认为:"物,犹事也。"这一界定一再为后起的哲学家所认同,如朱熹在《大学章句》中就继承了对物的这种界说,王阳明也认为"物即事也"。我们认为这很可能就是西方语言"名动分立"而汉语"名动包容"的哲学背景。

结束语

我大概讲得太长了,赶快做个简单的小结。我们说汉语语法研究"要摆脱印欧语的眼光","印欧语的眼光"好像成了个贬义词儿。其实我不是这个意思,"要摆脱印欧语的眼光"是"要摆脱印欧语眼光的束缚"。用印欧语的框框来套汉语当然不对,但是用印欧语的眼光来观察汉语是必要的。比如前面说过,由于我们习惯于从汉语看汉语,所以迟迟意识不到汉语的光杆名词可以直接做指称语是一个值得重视的现象,是汉语的一个特点。从这个意思上讲,我们不仅要有印欧语的眼光,也要有非洲语言的眼光、美洲印第安语的眼光,等等。日本学者研究汉语语法,在我看来,有的比中国人自己研究得好,他们从日语的眼光看汉语,看到了许多我们看不到的现象,给我们新的启迪。不管是研究哪一种语言，都要通过跟其他语言的比较才能获得深刻的认识，汉语的研究也是如此。我就引用下面两句来结束我的演讲。

　　不识庐山真面目，

　　只缘身在此山中。

　　谢谢诸位！

参考书目

　　关于对汉语的特点已经取得的认识，请参看吕叔湘（1979）《汉语语法分析问题》，商务印书馆；朱德熙（1985）《语法答问》，商务印书馆。关于名、动、形重叠后都变成摹状词，请参看华玉明（2008）汉语重叠功能的多视角研究，南开大学文学院博士论文。关于汉语的名词包含动词，请参看沈家煊（2007）汉语里的名词和动词，载《汉藏语学报》第1期27-47页；沈家煊（2010）我只是接着向前跨了半步——再谈汉语的名词和动词，载《语言学论丛》第四十辑3-22页。关于汉语的语法和用法不易分开，请参看赵元任（1968）《汉语口语语法》（吕叔湘译），商务印书馆1979年；朱德熙（1985）《语法答问》，商务印书馆。关于汉语的复合造句法，请参看沈家煊（2006）"王冕死了父亲"的生成方式——兼说汉语糅合造句，载《中国语文》2006年第4期291-300页；沈家煊（2006）"糅合"和"截搭"，载《世界汉语教学》第4期5-12页；沈家煊（2007）也谈"他的老师当得好"及相关句式，载《现代中国语研究》第9期1-12页；沈家煊（2009）"计量得失"和"计较得失"——再论"王冕死了父亲"的句式意义和生成方式，载《语言教学与研究》第5期15-22页。关于汉语里句式表达的主观性，请参看沈家煊（2002）如何处置处置式？——

论把字句的主观性,载《中国语文》第5期387-399页;沈家煊(2008),"移位"还是"移情"?——析"他是去年生的孩子",载《中国语文》第5期387-395页。关于英语看重"是"而汉语看重"有",请参看沈家煊(2010)英汉否定词的分合和名动的分合,载《中国语文》第5期387-399页。

第二讲　谈谈"摆事实和讲道理"
——语法研究方法示例*

诸位，我这次来东京之前，问大岛教授想让我讲什么，大岛教授说先讲讲研究的方法，我想到的就是这个题目，做研究、写论文无非是摆事实和讲道理。有人说摆事实重要，摆足语言事实不讲多少道理总比长篇大论地空谈道理好。有一个"钱币和钱串子"的比喻，语言事实是钱币，理论是钱串子，钱币当然比钱串子重要，事实少而理论多的朋友是"小本钱"在那儿做"大买卖"。也有人说这个比喻不恰当，还是讲道理重要，光是罗列一堆语言事实不讲其中的道理那有什么意义？他们说现在中国也实行市场经济，小本钱而做大买卖那才算有本事，值得称道。争论的双方针锋相对，互不相让。我想用我最近做的两项研究来谈谈我所体会的摆事实和讲道理之间的关系，一项是现代汉语的，一项是古代汉语的。这些体会只是供诸位参考。

---

* 本内容曾于2011年1月25日在东京大东文化大学研究生院做过演讲。

示例一 话题"李白"和"杜甫"的引入

闲来看书看朱鸿写的《大时代的英雄与美人》,是"文汇原创丛书"之一,其中最后一篇是《诗人多难》,讲唐代诗人的生存状态。全文共25段,每一段讲一个或两个诗人,按其出生先后排序。除首尾两段,其余每段都是开头第一句引入一个要讲的诗人,诗人通过这一句而"出场",现照录如下:

(二)大约在王绩出生四十年之后,骆宾王出生于婺州义乌一个书香之家。

(三)大约在骆宾王出生十年之后,卢照邻出生了。

(四)大约在卢照邻出生之后十四年,王勃和杨炯问世。

(五)在王勃和杨炯六岁那年,宋之问呱呱坠地。

(六)在宋之问出生之后五年,陈子昂降临人间。

(七)在陈子昂出生十八年之后,张九龄出生。

(八)王之涣小张九龄七岁,是公元688年出生的。

(九)孟浩然小王之涣一岁,是襄州襄阳人。

(十)王昌龄小孟浩然一岁,生于公元690年。

(十一)大约在王昌龄出生十年前后,王维出生。

(十二)李白小王维一岁,是公元701年下凡的。

(十三)高适小李白一岁,大约出生于公元702年。

(十四)大约在高适出生之后十年,杜甫出生。

(十五)岑参小杜甫三岁,是南阳人。

(十六)在岑参出生三十六年之后,孟郊出生于湖州武康。

（十七）孟郊出生之后十八年，韩愈登陆于河南河阳。

（十八）韩愈出生五年之后，刘禹锡和白居易问世。

（十九）柳宗元小刘禹锡与白居易一岁，是早逝。

（二十）柳宗元出生之后六年，元稹和贾岛出生。

（二十一）元稹和贾岛出生十二年之后，李贺出生。

（二十二）李贺出生十四年之后，杜牧闯入人间。

（二十三）大约杜牧出生之后十年，李商隐出生。

（二十四）大约李商隐出生之后二十年到三十年之间，黄巢一声啼哭，来到曹州冤句一个商人之家。

我把这23个句子罗列出来，不做一点归纳，大家一定不满意，也不感兴趣。那好，我就来做点归纳，这些让诗人"出场"的句子使用以下两个句式，以李白和杜甫为代表：

a. Y小X n岁。（李白$_Y$小王维$_X$一$_n$岁。）

b. X出生之后n年Y出生。（高适$_X$出生之后十$_n$年，杜甫$_Y$出生。）

摆事实摆到这个地步是不是就够了呢？恐怕还不够，我先要问，让李白出场的句子为什么是a而不是a'，让杜甫出场的句子为什么是b而不是b'，尽管a'和b'也都是语法上合格的句子？

a. 李白小王维一岁。

a'. 王维大李白一岁。

b. 高适出生之后十年，杜甫出生。

b'. 杜甫出生之前十年，高适出生。

这个问题好回答，出场者是陈述的对象，让李白出场就是让李白成为话题，让杜甫出场就是让杜甫成为话题。话题通常放在句子的头里充当句子的主语，而a'和b'里的"李白"和"杜甫"都没有充当句子的主语，这两句分别在讲王维怎么样和高适怎么样，而不是在讲李白和杜甫怎么样。我已经开始讲道理了，只是这点道理很浅显，不讲也罢。我还要问，让李白和杜甫出场的句子为什么也不是a"和b"，尽管"李白"和"杜甫"都是句子的主语和话题？

a". 李白大高适一岁。

b". 岑参出生之前三年，杜甫出生。

这个问题也好回答，因为作者通篇采用的讲述顺序是一般采用的"由古及今"的顺序，而不是"以今溯古"的顺序：

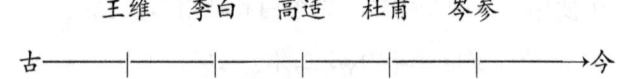

a和b的表达方式跟这一讲述顺序一致，而a"和b"的表达方式跟这一讲述顺序相反。这个道理也比较浅显，不讲也罢。但是我还要问，也是我最感兴趣的，作者交替使用a和b这两种句式，其中有什么规律没有？还是根本没有规律，只是作者为了避免单调划一，随意地参差使用这两种式子呢？我仔细观察后发现不是，而是跟前后两个诗人相差的年龄有关系：

1）相差1—3岁的，都用a式。（共6句，占26%）

2）相差10岁以上的，都用b式。（共12句，占52%）

3）介于其间的a式和b式混用。（共5句，占22%）

如果将相差1—3岁的改用b式，或者将相差10岁以上的改用a式，语法上当然还是合格的，但是在这篇文章里读起来就有点不自然，这属于用法上的不合适（前面加?号来表示），例如：

?在王维出生一年之后，李白问世。

?孟郊小岑参三十六岁。

这两个句式的使用，总的趋向是：出生先后相隔短的用a式，相隔长的用b式，不长不短的两式混用。设A、B、C、D是作者按出生先后顺序叙述的四位诗人：

A————B—C——D

A和B相隔长，用b式；B和C相隔短，用a式；C和D相隔不长不短，二式兼用。

把两个句式的选用和前后两个话题人物的年龄差距联系起来，这还是在摆事实，这样摆出来的事实大家一定更加感兴趣，会进一步追问，为什么会出现这样的联系？下面就来讲讲其中的道理。

我的解释是，这是语言组织"距离象似"（distance iconicity）的原则在起作用。简单地讲，象似性是指"语言的结构象似于或对应于人所认识的客观世界的结构"。这个定义中"人所认识的"这个限定语很重要，下面会详细说明。可以举几个浅显的例子。英语表达"一本书"是one book，表达"两本书"就是two books，books比book多一个音素，这是"数量象似"。汉语"我的爸爸"可以说成"我爸爸"，"我的书包"一般不能说成"我书包"，这是"距离象似"，概念上"我"和"爸爸"的联系要比"我"和"书包"的联系紧，爸爸永远是我的爸爸，不可以转让，书包可以转让，转让后就不再是我的书包。还有"时间象似"，经典的例子是"在马背上跳"和"跳在马背上"，前一种说法是先在马背上然后跳，后一种说法是先跳然后在马背上，语词的前后顺序跟事情发生的先后相一致。我想在座的很多人对象似性已经有相当的了解，就不再多做介绍，如果感兴趣可以参看戴浩一和张敏二位的相关文章。

回到我们刚才讨论的问题，具体说，有三个层次上的距离大小是互相对应的，这三个层次分别是：客观时间、心理达及、话题接续。

   客观时间的距离 年龄差距小 年龄差距大
   心理达及的距离 达及距离小 达及距离大
   话题接续的距离 接续距离小 接续距离大

实际年龄的差距，是相差1岁2岁还是7岁8岁，这是客观的存在。当然"时间距离"的说法也是对"空间距离"的摹拟，因为A和B之间的空间距离大，由A到达B的时间也就长。反过来，如果A到达B的时间长，我们也可以推断A和B之间的空间距离大。

"心理达及的距离"是指人从记忆库中提取或从周围环境中识别某一个指称或陈述对象的难易程度，这种难易程度可以用提取或识别所需的时间来衡量。作者的记忆库中有唐代的各位诗人，作者要开始讲述一位诗人，也就是要从记忆库中提取某个讲述对象。在作者的记忆库中出生前后相继的两个诗人相隔的时间距离不一样，有的大有的小，就如A———B—C——D

那样，由此可以推断A和B存储的位置隔得比较远，B和C存储的位置挨得比较近。因此，作者在讲述完诗人A之后转而讲述B，要提取B就比较难，花费的时间较多，而在讲述完B之后转而讲述C，要提取C就比较容易，花费的时间较少。

  上面关于记忆提取难易程度的说法只是我们的假设，有没有心理学方面的证据呢？有。首先，有实验证明，信息在头脑中的存储有两种方式，构成一个序列的信息用线性的方式存储，例如构成一个句子的语词信息，不构成序列的信息用意象的方式存储，例如地图上的信息。不管是哪一种存储方式，又都有实验证明信息点A到B之间的距离越大，心理上由A达及B的时间就越长。有一项数字序列实验，主试人让被试人先记忆一些数字序列（每个序列含3至7个数字），然后给被试人其中的一个数字，要他尽快说出排在其后的那个数字来。例如先记忆的序列是38926，给出的数字是9，被试人应该回答的数字是2。实验的结果是：序列越长，给出的数字在序列中越靠后，那么被试人做出回答的时间就越长。这表明被试人在做出反应的时候是从序列的头一个数字开始朝后搜索，找到给出的那个数字，然后说出后头的那个数字。重要的是，从头一个数字到给出的数字之间的距离越长，那么达及要找的数字所需要的时间也越长。表明这一实验结果的数据和图表如下：

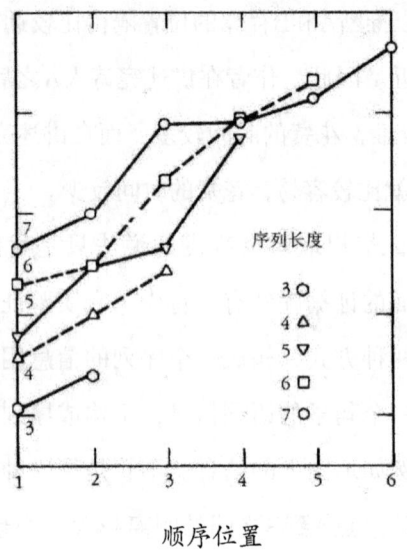

顺序位置

说出数字序列中下一个数字的反应时间随顺序位置和序列长度而变化（Sternberg 1969）

意象方式的存储，有一项实验是先向被试人展示一张虚构的岛屿地图，岛上有茅屋、树、石堆、井、湖、沙地和草丛七样事物，让他们先熟记这些事物在地图上的分布，直到他们能在空白地图上准确地标出这些事物的位置。然后主试人大声说出一个事物的名称，要求被试人在心理地图上聚焦于那个事物。5秒钟之后再说出另一个事物的名称，要求被试人转而聚焦于后头那个事物，并且按电钮表示聚焦完成。这七样事物在地图上相隔的距离是不等的，有大有小，实验的结果表明：两个事物在地图上相隔的距离越大，被试人在心理地图上转移聚焦点所用的时间就越长。这一实验采用的地图和测试结果的数据如下：

Kosslyn et al.（1978）用来测量意象中两点之间心理扫描时间的虚构地图

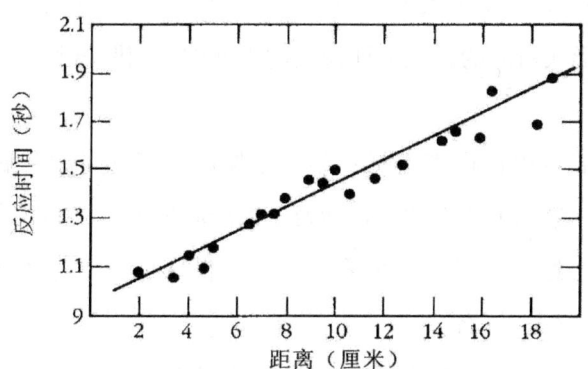

地图中两点之间的扫描时间随两点之间的距离增大而增长

最后要说的是"话题接续的距离"。"话题接续的距离"是指作者在行文中从一个话题接续另一个话题的时候是直接的还是间接的，当然是直接的距离小，间接的距离大。再来比较a

和b那两个句式：

  a. 李白小王维一岁。

  b. 高适出生之后十年，杜甫出生。

从语言的形式上看，a句"李白"放在句子头里，而且"李白"和"王维"挨得比较近；b句放在句子头里的不是"杜甫"而是"高适"，而且"杜甫"和"高适"隔得比较远。在讲述完王维之后要开始讲李白，上来第一句"李白小王维一岁"，"李白"放在头里，这是李白直接登场，李白接续王维的距离小。在讲述完高适之后要开始讲杜甫，上来第一句"在高适出生之后十年，杜甫出生"，这是通过高适间接引入杜甫，"高适"放在头里，杜甫接续高适的距离大。接续距离小的用的是紧缩的形式a，接续距离大的用的是松散的形式b。很明显，跟这两种语言形式对应的正是上面说明的不同的时间距离和不同的心理距离。

  我们可以这样来概括：第一个层次"客观时间"属于物理世界，第二个层次"心理达及"属于心理世界，第三个层次"话题接续"属于语言世界。这三个世界也可以通俗地叫做"天地、人心、言语"。

  天地：物理世界（客观时间的距离）

  人心：心理世界（心理达及的距离）

  言语：语言世界（话题接续的距离）

  这"三个世界"在成员之间的距离上存在对应的关系，也就是象似关系。如果光从语言看问题，那么第一和第二两个层次都属于语言的"意义"层次，一个是客观意义（时间距离），一个是主观意义（心理距离），第三个层次是语言的"形式"层次（话题的接续距离）。这样的话，这种对应关系也可以说成是语言的意义和形式二者之间的象似。这样说的好处是比较简便，由三个层次变为两个层次，不好的地方是容易让人忽视中间那个心理层次。

确实有人忽视"心理达及"这个中间层次，他们会问这个层次是否有必要。那么能不能直接在"客观时间的距离"和"话题接续的距离"之间建立起象似关系呢？回答是不能。从客观的距离讲，相差10岁比相差3岁的距离大，但是人主观上的认识不一定是这样：

  他们两个差3岁才相配。（相差一两岁不够）
  他们两个差10岁就相配了。（不用相差二三十岁）

用"才"字表明说话人认为相差3岁的距离大，用"就"字表明说话人认为相差10岁的距离小。上面说到《诗人多难》那篇文章中的用法对立：

  王维小李白一岁。
  ?孟郊小岑参三十六岁。
  岑参出生三十六年之后，孟郊出生。
  ?在王维出生一年之后，李白问世。

如果把加?号的两句分别加上表达"主观量"大小的"就"和"才"，读上去就很自然了：

  孟郊就小岑参三十六岁。（主观上认为孟郊的达及距离小）
  在王维出生一年之后，李白才问世。（主观上认为李

白的达及距离大)

同样一段实际距离,由于其他因素的影响,人感觉到的长短会不一样,实验心理学已经有证明,例如:

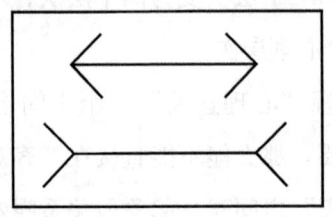

Muller-Lyer 错觉图形

这是有名的错觉图形,两条平行线实际一样长。所以,杜甫和高适的年龄相差十岁,下面两种说法都很自然:

在高适出生之后十年,杜甫才出生。(李白只比王维小一岁呀。)

杜甫就小高适十年。(孟郊要比岑参小三十六岁呢。)

这表明,心理达及的距离是以客观时间的距离为基础的,而且通常跟客观时间的距离相一致,但是并不总是一致,在不一致的情形下还得以心理达及的距离为准。因此"心理距离"这一层是不可缺少的,也千万不可小看。如果有人拿上面带"就"和"才"的句子当证据,来证明距离象似的原则不成立,那只能说明他是站在狭隘的"客观语义学"的立场上看问题。他坚持物体的大小只能按客观标准来判断,整体总是比部分大,怎么可能部分比整体还大呢?那就不妨建议他看一看下面的一首诗、一段话和两张图片。诗是陶渊明的,在座的都很熟悉：

> 结庐在人境，
>
> 而无车马喧。
>
> 问君何能尔，
>
> 心远地自偏。

注意最后一行"心远地自偏"。钱钟书的小说《围城》里有这样一段描述：

> 鸿渐一眼瞧见李先生的大铁箱，衬了狭小的船首，仿佛大鼻子阔嘴生在小脸上，使人起局部大于全体的惊奇，似乎推翻了几何学上的原则。

要是人的感受都遵照几何学的原则，世界将是多么的单调。下面的两张图片，小孩的脚丫子和狗的脑袋看上去都比身体还大：

 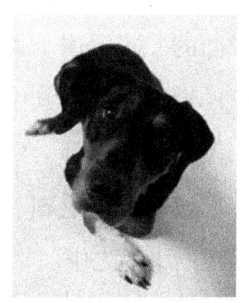

小孩大脚图　　　　　　　　狗的俯视图

知觉并不总是外部世界的复制，人的期待、信念和动机等内部信息都可能对知觉产生微妙的影响，因此知觉是一个建设性很强的过程，知觉者在不断地构建外部信息的假设。这一点得到神经生理学证据的支持：各种动物，从青蛙到人，视觉系统对外部信息的提取都是有选择的。例如青蛙只提取四种外部信息，即静态边界、动态边界、亮度变化、圆形小物体的移动。研究表明青蛙的神经系统也只有四种视觉细胞，分别处理四种外部信息的刺激。这是为生存而进化的结果。面对蒙娜丽莎的画像青蛙毫无反应，但看到一个圆形小物体的移动，它就会眼睛发光，舌头外伸。目前，尽管不同的知觉心理学家的研究取向有所不同，有的偏重外部信息，有的偏重内部信息，但是知觉是内部信息和外部信息的结合这一点已得到大多数知觉心理学家的认同。

我想用这个例子说明，如果光是摆事实，把每一段开头第一句罗列出来，大家一定不满足，甚至会奇怪，问摆这些事实干什么。摆事实也要讲究个摆法，而讲究摆法就是在试图讲道理。我最后选定的摆法（1到3岁为一式，10岁以上为另一式，中间的二式混用）大概算是摆到了位，而摆事实摆到了位，要讲的道理也就在其中了。我上面讲的时候虽然大致上分"摆事实"和"讲道理"两个部分，但是大家应该看到在摆事实的部分已经开始讲道理，而讲道理的长篇大论其实已经蕴涵在最后摆定的事实之中。

顺便再说一点，我讲李白和杜甫"入场"的那篇文章发表之后有一种不同的意见，有人认为只根据一个人的一个语篇很难证实所说的规律，人们选用哪一种句式很可能是随意的，这个语篇只是一种偶然情形。我同意并且鼓励别人在更大的范围内验证这个规律的普适性，但是不同意说这个语篇的情形是偶然的。举例来说，一个池塘里有一群龟，其中1到3年的小龟占26%，10年以上的大龟占52%，小龟和大龟合起来占到78%，4到9年的中龟只占22%。结果发现所有小龟无一例外都只吃小颗粒的饲料，所有大龟无一例外都只吃大颗粒饲料，只有中龟是大小颗粒混吃的。仅就这一个池塘的分吃现象我们是不是值得问一个为什么？还是根本不值得问，说这完全是出于偶然？如果我们说其中的规律是龟的大小和饲料颗粒的大小之间有一种对应关系，当然可以拿更多的池塘来验证，但是要推翻这一假设的规律，如果只是发现有的池塘里龟不分大小都是混吃的，或者是小龟只吃小颗粒而大龟是混吃的，这是不够的。要推翻这一规律必须在同等条件下发现一个池塘，里面的小龟都只吃大颗粒而大龟都只吃小颗粒。我们找到的规律其实是这样一种"弱的预测"：如果小龟吃大颗粒，大龟也吃大颗粒，反之则不然。这种弱预测在四种逻辑可能性中排除其中的一种，就是下面的第4种：

1）小龟吃小颗粒，大龟吃大颗粒。

2）小龟和大龟都既吃小颗粒又吃大颗粒。

3）小龟吃小颗粒，大龟吃小颗粒和大颗粒。

4）小龟吃小颗粒和大颗粒，大龟吃小颗粒。

我曾经在一篇文章中讲过，由于语言是一个开放的、动态的、复杂的系统，我们能够做到的预测只是这样的弱预测。虽然是弱预测，但是仍然具有科学性，因为它是可以证伪的。那么要推翻我们上面讲的"距离象似"的道理，你得找到这样一个语篇，在同等条件下年龄差距大的一律用紧缩的a式，而年龄差距小的一律用松散的b式。谁主张，谁举证。

示例二　先秦汉语的"之字结构"和"之"字的功能

"之字结构"是指"鸟之将死"这种"名词+之+动词短语"的结构，如果"之"字去掉，"鸟将死"就叫"主谓结构"。在先秦汉语里"之字结构"和"主谓结构"可以交替使用，例如：

　　a. 民之望之，若大旱之望雨也。（《孟子·滕文公下》）

　　b. 民望之，若大旱之望云霓也。（《孟子·梁惠王下》）

　　a. 是故愿大王之孰计之。（《史记·张仪列传》）

　　b. 是故愿大王孰计之。（《史记·苏秦列传》）

之字结构和主谓结构还可以前后并列使用，例如：

　　戎之生心，民慢其政，国之患也。（《左传·庄公二十八年》）

　　人之爱人，求利之也；今吾子爱人，则以政。（《左传·襄公三十一年》）

　　子曰："不患人之不己知，患不知人也。"（《论语·学而》）

这个语言事实早就有人注意到，也一直有人在问这个"之"到底起什么作用？一种回答是加"之"使得主谓结构

"词组化"、"名词化"或"指称化"。问题是,既然不加"之"的主谓结构一样能做句子的主语和宾语,有什么必要这样"化"一下呢?并列的结构为什么一个要"化"一个不"化"呢?一种回答是"之"起"粘连"主语和谓语的作用,但是不加"之"主语和谓语不是也粘连在一起而且粘连得更紧密吗?一种回答是这里的"之"已经成为定语标记,而"王之诸臣"、"侮夺人之君"、"贤圣之君"这些常例("之"后头是名词)里的"之"还是指示词。但是有人指出,之字结构出现在战国金文、《尚书》和《诗经》中,春秋战国时代已经存在,在这种"之"产生并开始广泛运用的时代,说常例中的"之"反而还没有成熟为定语标记,这是说不过去的。一种回答是"之"表达语气,起强调和舒缓的作用,但是"强调"和"舒缓"恰恰是两种相反的语气,"之"到底表达什么语气?也有说用"之"是表现"典雅"风格的,这个说法对于后来"之"衰退之后的行文还适用,对于先秦时期不适用,特别是无法说明之字结构和主谓结构并列和交替使用的情形。还有一种回答是"之"起协调音节的作用,使前后语段的音节数都为奇数或都为偶数,但是有许多实例表明加"之"之后反而破坏音节的协调,例如:

德之不修,学之不讲,闻义不能徙,不善不能改,是吾忧也。(《论语·述而》)

丹朱之不肖,舜之子亦不肖。(《孟子·万章上》)

众之为福也,大;其为祸也,亦大。(《吕氏春秋·决胜》)

不加"之","德不修"和"学不讲"是三个音节,倒是跟后头五个音节的主谓结构奇奇相配,加了"之"反而不相配了。最后还有一种回答是"之"表示"较高的可及性","可及性"就是"可达及性",已知信息的可及性高,倾向用之字结构,未知信息的可及性低,倾向用主谓结构。这种说法提出了"可及性"这个概念倒是不错,但是用信息的新和旧来判定可及性的高低有问题,例如:

> 禄之去公室五世矣,政逮于大夫四世矣,故夫三桓之子孙微矣。(《论语·季氏》)

"禄之去公室"和"政逮于大夫"都是话题,都是已知信息,怎么会一个加"之"一个不加呢?上面那些两种结构并列的情形也都不好这么解释。

我觉得上面的问题回答不了还是摆事实没有摆到位的缘故。事实要摆到位,就要对文本做细致的描写和分析。我们对文本做了细致的考察后发现三个"前用后不用":

1)在并列结构里,总的倾向是之字结构在前,主谓结构在后。

2)前后两部文献里指称同一个事件的两个词语形式,总的倾向是之字结构在前,主谓结构在后。

3)同一文献里指称同一个事件的两个词语形式,一般情形是之字结构在前,主谓结构在后。

下面分别来说明。先说第一个"前用后不用",也就是在并列结构里之字结构在前,主谓结构在后。看例句:

> 戎之生心,民慢其政,国之患也。(《左传·庄公

二十八年》）

人之爱人，求利之也；今吾子爱人，则以政。（《左传·襄公三十一年》）

尔之许我，我其以璧与珪，归俟尔命；尔不许我，我乃屏璧与珪。（《尚书·金縢》）

伯有闻郑人之盟已也，怒；闻子皮之甲不与攻己也，喜。（《左传·襄公三十年》）

君之视臣如手足，则臣视君如腹心。君之视臣如犬马，则臣视君如国人。君之视臣如土芥，则臣视君如寇雠。（《孟子·离娄下》）

子曰："政之不行也，教之不成也，爵禄不足劝也，刑罚不足耻也，故上不可以亵刑而轻爵。"（《礼记·缁衣》）

战势不过奇正，奇正之变，不可胜穷也。奇正相生，如环之无端，孰能穷之？（《孙子兵法·势篇》）

仁人之得饴也，以养疾待老也；跖与企足得饴，以开闭取楗也。（《吕氏春秋·异用》）

若事之捷，孙叔为无谋矣。不捷，参之肉将在晋军，可得食乎？（《左传·宣公十二年》）

德之不修，学之不讲，闻义不能徙，不善不能改，是吾忧也。（《论语·述而》）

丹朱之不肖，舜之子亦不肖。（《孟子·万章上》）

接着说第二个"前用后不用"，也就是前后两部文献指称同一个事件，之字结构在前，主谓结构在后。主要比较《左传》和《史记》，看例句：

  a. 秦穆之不为盟主也，宜哉！（《左传·文公六年》）

  b. 秦缪公……不为诸侯盟主，亦宜哉！（《史记·秦本纪》）

  a. 夫差！而忘越王之杀而父乎？（《左传·定公十四年》）

  b. 阖庐使立太子夫差，谓曰："尔而忘句践杀汝父乎？"（《史记·吴太伯世家》）

  a. 君子是以知秦之不复东征也。（《左传·文公六年》）

  b. 是以知秦不能复东征也。（《史记·秦本纪》）

  a. 惠公之在梁也，梁伯妻之。（《左传·僖公十七年》）

  b. 初，惠公亡在梁，梁伯以其女妻之。（《史记·晋世家》）

  a. 寡君之使婢子侍执巾栉，以固子也。（《左传·僖公二十二年》）

  b. 秦使婢子侍，以固子之心。（《史记·晋世家》）

  a. 邳郑之如秦也，言于秦伯曰：……（《左传·僖公十年》）

  b. 邳郑使秦，闻里克诛，乃说秦缪公曰：……（《史记·晋世家》）

  a. 楚子问鼎之大小、轻重焉。（《左传·宣公三

年》）

　　b.楚王问鼎小大轻重。（《史记·楚世家》）

　　a.父母之爱子，则为之计深远。（《战国策·赵策》）

　　b.父母爱子，则为之计深远。（《史记·赵世家》）

再说第三个"前用后不用"，同一文献里指称同一个事件，之字结构在前，主谓结构在后。看例句：

　　a.国之将兴，明神降之，监其德也。将亡，神又降之，观其恶也。（《左传·庄公三十二年》）

　　b.国将兴，听于民。将亡，听于神。（同上）

在《庄公三十二年》中a记述在先而b记述在后。

　　a.善人之赏，而暴人之罚，则家必治矣。（《墨子·尚同下》）

　　b.善人赏而暴人罚，则国必治矣。（同上）

　　c.善人赏而暴人罚，天下必治矣。（同上）

《墨子·尚同下》在"同一天下之义"的话题下依次讲a治家、b治国、c治天下。

　　a.（刘邦）曰："吾入关，秋毫不敢有所近，藉吏民，封府库，而待将军。所以遣将守关者，备他盗之出入与非常也。"（《史记·项羽本纪》）

　　b.（樊哙）曰："……今沛公先破秦入咸阳，毫毛不敢有所近，封闭宫室，还军霸上，以待大王来。故遣将守关者，备他盗出入与非常也。"（同上）

在《项羽本纪》中，先是a记述刘邦约见项伯，要项伯去劝说项羽，然后b记述的是鸿门宴，项庄舞剑，意在沛公，樊哙进来对项羽说了同样的话。

  a. 是故愿<u>大王之孰计之</u>。（《史记·张仪列传》）

  b. 愿<u>大王孰计之</u>。（同上）

"孰"就是"熟"。《张仪列传》中，张仪说楚怀王，一段一段地讲道理，用"愿大王之孰计之"结尾的一段在前，用"愿大王孰计之"结尾的一段在后。请大家再看一下开头举的"大王孰计之/大王之孰计之"那对例子，那对例句经常被用来说明之字结构和主谓结构交替使用，但是并不能说明"之"字的作用，因为一句出自《史记》的《张仪列传》，一句出自《史记》的《苏秦列传》，我们不知道哪一个记叙在先哪一个记叙在后。要讲研究方法，利用"最小的对比对"（minimal pair）是基本方法之一，上面的a和b构成"最小的对比对"，两句都出自《张仪列传》，唯一的差别就是记叙的先后。

  事实摆到这里，要讲的道理已经蕴含在其中。"之"的作用是什么呢？是提高指称词语的"指别度"，也就是提高所指对象的"可及度"。一个指称对象的"可及度"定义如下：

  说话人推测，听话人听到一个指称词语后，从头脑记忆中或周围环境中搜索、找出目标事物或事件的难易程度。容易找出的可及度高，不容易找出的可及度低。

  在通常情况下，可及度的高低由搜索目标的客观状态决定，例如周围环境中体积大的比体积小的可及度高，头脑记忆中近期储存的比很久以前储存的可及度高，新搜索的目标跟刚找出的目标相似的比不相似的可及度高，找出过的目标再搜索一次的时候可及度较高。

指称词语的"指别度"的定义如下：

说话人提供的指称词语指示听话人从头脑记忆中或周围环境中搜索、找出目标事物或事件的指示强度。指示强度高的指别度高，指示强度低的指别度低。

在通常情况下，指别度的高低由指称词语的客观状态决定，例如带指示词的比不带指示词的指别度高，人称代词比一般名词的指别度高，限定词语多的比少的指别度高，重读的比不重读的指别度高。

"指别度"和"可及度"的联系是：指称对象对听话人来说可及度低，说话人所用的指称词语的指别度应该高；指称对象对听话人来说可及度高，说话人所用的指称词语的指别度可以低。提高了指称词语的指别度也就提高了指称对象的可及度。举例来说：

  a. 把杯子拿走！

  b. 把这只杯子拿走！

  a'. （光口头说）把这只杯子拿走！

  b'. （还用手指）把这只杯子拿走！

头两句说话人觉得要人拿走的那只杯子对听话人来说可及度高，就只需说a，无需说b；相反，说话人觉得那只杯子对听话人来说可及度低，就需要说b，不宜说a。作为指称形式，b"这只杯子"的指别度高于a"杯子"。同样下面两句，说话人觉得要人拿走的那只杯子对听话人来说可及度高，就只需说a'，无需像b'那样再加上手指；相反，说话人觉得那只杯子对听话人来说可及度低,就需要像b'那样加上手指。作为指称形式,b'"这只杯子"加上手指(身势语)的指别度高于a'光说"这只杯子"。

区分"可及度"和"指别度"是为了将说话人和听话人区别开来,将索绪尔所说的"能指"和"所指"区别开来:可及度是对听话人而言,指别度是对说话人而言;可及度是就指称目标(所指)而言,指别度是就指称词语(能指)而言。

正如指示词"这"和手指起到提高指别度的作用,"之"字也是起提高指别度的作用。提高了指别度也就提高了可及度,"鸟之双翼"是提高了所指事物的可及度,"鸟之将死"是提高了所指事件的可及度。当说话人觉得一个主谓结构所指称的事件可及度比较低的时候,就加上"之"来提高它的指别度,就形成之字结构,例如:

孔子曰:"<u>禄之去公室</u>五世矣,<u>政逮於大夫</u>四世矣,故夫三桓之子孙微矣。"

上面说过,新搜索的目标跟刚找出的目标如果相似就可及度高,这一句先指称"禄去公室"这个事件,说话人推测这个事件的可及度低,尽管它是已知信息,所以加"之"来提高指别度,接着又指称"政逮於大夫"这个事件,它跟前面刚说出的事件是相关的、平行的,说话人推测前面那个事件达及后这个事件的可及度就不低了,所以不再加"之"。

这样的解释有没有心理学的证据呢?有。心理学里有一个经常提到的"斯特鲁色词测验"(Stroop color word test),向被试人呈现用绿色写的"红"字和用红色写的"绿"字:

斯特鲁色词测验

("红"字为绿色,"绿"字为红色)

被试人在念出字来的时候不受什么干扰,但在说出字的颜色的时候受干扰,容易把"红"字说成红色的,把"绿"字说成绿色的。这表明,在概念"红"被激活的时候同类概念"绿"也容易被激活,因而产生干扰。

所以并列结构里前用"之"后不用的现象实际是一种"斯特鲁效应",在"禄去公室"这个事件被激活后,同类事件"政逮於大夫"就容易被激活了。上面讲的道理有没有反例呢?并列结构看似反例不多,主要是两种句子,一种是"犹"、"若"比拟句,一种是肯定否定对举句,例如:

民归之,由水之就下。(《孟子·梁惠王上》)

皆患其身不贵于国也,而不患其主之不贵于天下也;皆患其身之不富也,而不患其国之不大也。(《吕氏春秋·务本》)

第一句里"由"就是"犹"。其实这两种句子不是真正的并列句,真正的并列句没有语义重心的偏向,而这两种句子都有语义重心,一般偏向于后项,语义的重心所在说话人自然是觉得应该提高指别度的。

前后两部文献里的两个同指形式,同一文献里的前后两个同指形式，前面的用"之"后面的为什么不用？那是因为找出过的目标再搜索一次的时候可及度较高，就不用再提高指称词语的指别度。有的文献不好判定记述的先后，例如：

　　a. 昔尧之治天下也，使天下欣欣焉人乐其性。（《庄子·在宥》）

　　b. 昔尧治天下，吾子立为诸侯。（《庄子·天地》）

这两句不好比较记述的先后，但是仔细分析语篇后发现，《在宥》篇"昔尧之治天下也"是首次提到"尧"和"尧治天下"，作为新的话题是后文陈述的对象，所以要提高"尧治天下"的指别度。《天地》篇在出现"昔尧治天下"前已经有十次提到"尧"，其中包括"尧治天下"，可见"尧"和"尧治天下"的可及度都已经很高。所以这一例仍然遵循上面的规律。

　　a. 抉吾眼县（悬）吴东门之上，以观越寇之入灭吴也。（《史记·伍子胥列传》）

　　b. 必取吾眼置吴东门，以观越兵入也。（《史记·越王勾践世家》）

这里也不好比较记述的先后，也应该对语篇做仔细分析。《伍子胥列传》里伍子胥是主要记述对象，是主角，主角说的话很重要，是他一生故事的一部分，要详细记载，也需要提高所指事件"越寇入灭吴"的指别度。《越王勾践世家》里伍子胥不是主要记述对象，不是主角，非主角说的话记载不必太详细太突出，司马迁在下笔的时候会认为关于伍子胥的完整故事读者可以从《伍子胥列传》获得，所以就加以简化，将"悬吴东门之上"简化为"置吴东门",将"越寇之入灭吴"简化为"越兵入"。所以这一例也遵循上面的规律。

还有一些看似反例的情形也都可以按我们讲的道理做出解释,例如:

a. (沛公) 曰:"……愿伯具言臣之不敢倍(背)德也。"(《史记·项羽本纪》)

b. 张良曰:"请往谓项伯,言沛公不敢背项王也。"(同上)

b张良对沛公说的话在先,a沛公对项伯说的话在后,记述先后也是如此,好像违背了规律,其实不然,因为说话的语境不一样。张良教沛公对项伯说"沛公不敢背项王",沛公听了不是问为什么要这样说,而是问"君安与项伯有故?"可见"沛公不敢背项王"这个说法在沛公意料之中,对沛公来说可及度是高的,所以不加"之"。而沛公对项伯说同样的话,对项伯而言很可能在意料之外,可及度低,所以加"之"。

下面这个例子看上去也包含一个反例:

周颇曰:"固欲天下之从也,天下从,则秦利也。"

路说应之曰:"然则公欲秦之利夫?"(《吕氏春秋·应言》)

主谓结构"秦利"在前,之字结构"秦之利"在后。其实这也不是真正的反例。指称语的指示对象除了事物和事件还可以是话语自身,指称话语自身的指称语叫"话语指称语",简称"话语指"。"话语指"应该区分"话语复指"(anaphora)和"话语直指"(discourse deixis),我举个例子来说明这一对概念的区别：

　　　　a. 她经常胃痛，<u>胃痛</u>就不吃东西。

　　　　b. 女儿：我又胃痛了。

　　　　　 妈妈："胃痛"那你还吃冰激凌！

a句里后面的"胃痛"复指前面的"胃痛"，是"话语复指语"，它的作用与其说是"指"不如说是"代"，一般不能重读。b的对话里妈妈说的"胃痛"是直指或引述女儿说的"胃痛"，是"话语直指语"，书写时加引号，口语要重读，后面还可以加指示词"那"。话语直指语是要把听话人的注意力引向所指话语的意义（命题内容或言外之意）而不仅仅是起个指代作用。说话人直指或引述一段话语还往往是为了对这段话语表达一种主观态度，如反对、讽刺等（上面那个例子是妈妈在反讽）。重读、加引号、加"那"都是为了引起听者读者的注意，让他们注意所指话语的意义和说话人的主观态度。总之，话语直指语在语篇中是语义重心所在。上面周颇说的话正好表明先秦汉语的指称语在指称话语自身时也可以用"之"来提高指别度。"天下从"是话语复指语，只是指代前面的"天下之从"，不是语义重心，所以是主谓结构，而"秦之利"是话语直指语，是路说引述周颇说的话"秦利"并让周颇注意它的意义，同时表达自己对这种说法的反对态度，它是语义重心，所以用的是之字结构。

　　讲到研究方法，对看上去是反例的情形一定要做具体的分析，有的反例是真正的反例，有的反例其实不是真的反例，而是从反面证明假设的规律。打个比方，一年四季里七八月吃冰棍，一二月烤火取暖，这是规律。如果有人拿澳大利亚的情形来说事，来证明这条规律不成立，那是徒劳的，澳大利亚并不能构成反例，恰恰是从反面证明那条规律的正确性。这条规律的本质是天热吃冰棍，天冷烤火取暖，地球上大部分人生活在北半球，七八月天热，一二月天冷。

上面我讲这一项研究的时候，虽然也是大致分"摆事实"和"讲道理"两个部分来讲，其实在摆事实的时候已经有要讲的道理存在心中，在讲道理的时候还在继续摆一些新的事实。

结束语

综合上面两项研究，我对摆事实和讲道理之间的关系，也就是描写和解释的关系，有下面几点体会。第一，摆事实是讲道理的基础，要十分重视摆事实。事实摆到了位，要讲的道理也就在其中了。第二，没有一定的理论意识和眼光，不多问几个为什么，有些有意义的事实就看不到，摆事实就摆不到位。第三，摆事实和讲道理是一个铜板的两面，是一件事情而不是两件事情，摆事实的时候往往也在讲道理，讲道理的时候也离不开进一步地摆事实。

最后，有必要区分一下"语言现象"和"语言事实"。我们说"发生了这个现象"，不说"发生了这个事实"，我们说"靠事实说话"，不说"靠现象说话"。"事实"是从"现象"中截取下来为讲道理服务的，是讲道理的时候"摆"成的。

参考书目

第一项研究请参看沈家煊(2008)李白和杜甫:出生和"出场"——论话题的引入与象似原则,载《语文研究》第2期1-4页;第二项研究请参看沈家煊、完权(2009)也谈"之字结构"和"之"字的功能,载《语言研究》第2期1-12页。关于"弱预测"请参看沈家煊(2004)语法研究的目标——预测还是解释?载《中国语文》第6期483-492页。

第三讲 为什么说汉语的动词也是名词?
——语法研究的破和立*

诸位,我最近对汉语的词类问题提出一种新的看法,就是汉语里的名词和动词不是像印欧语那样是两个分立的类,而是名词包含动词,也就是说,汉语的动词其实都具有名词的本性,它是名词这个大类里面的一个特殊次类,叫做"动态名词",简称"动名词"。我把印欧语的词类模式叫做"名动分立",把汉语的词类模式叫做"名动包含"。汉语语法学界一向认为汉语里的形容词是动词的一个次类,因为形容词跟动词一样可以直接做谓语,不像英语形容词做谓语要加系词be。这样的话,汉语就是名词包含动词,而动词包含形容词。这个形容词只指性质形容词,不指状态形容词。

跟这个主要看法相联系的还有一个看法,就是汉语里边首先应该区分"名词"和"状词","状词"是"摹状词"的简称,"名词"是指"大名词",它包括动词和形容词。最重要

---

* 本内容曾于2011年1月22日在东京大东文化会馆的日中对比语言学会特别例会、6月7日在法国高等社会科学院东亚语言研究所做过演讲。

的论据是，汉语的名词、动词、形容词在重叠之后都变成了摹状词语。

另外，我认为，动词作为名词的一个次类"动名词"，应该首先按单音还是双音这条标准——而不是其他标准——来区分动性的强弱，单音的动名词叫"动强名词"，双音的动名词叫"动弱名词"。

我今天要集中讲一讲为什么汉语里的动词也是名词，提出这样的观点对于汉语语法的研究带来哪些好处。

走出两个困境

我们在汉语词类问题上遇到两个困境，困境一，做到"词有定类"就"类无定职"，做到"类有定职"就"词无定类"；困境二，满足"简单原则"就违背"扩展规约"，满足"扩展规约"就违背"简单原则"。先来解释一下困境一。看三个最简单的例子：

鬼哭

爱哭

哭墙

按照黎锦熙先生的观点，"哭"这个词"词无定类"，但是可以"依句辨品"，它在句子里担任的"职务"是可以辨别的，在"鬼哭"里担任谓语因此是动词，在"爱哭"里担任宾语因此是名词，在"哭墙"里担任定语因此是形容词。按照朱德熙先生的观点，"哭"这个词"词有定类"，确定为动词类,但是它在句子里担任的"职务"是不固定的,在"鬼哭"里是担任谓语,在"爱哭"里是担任宾语,在"哭墙"里是担任定语。

这两种说法就好比同样是半瓶子酒,一个说"空了半瓶",一个说"还剩半瓶",观察的出发点不同而已。

再来解释困境二。关于"简单原则",吕叔湘先生在谈到词类转变的时候有一句非常有名的话:"凡是在相同条件下,同类的词都可以这样用的,不算词类转变。"既然汉语的动词几乎都能够做主语和宾语,那么就没有必要说动词做主宾语的时候转变成了名词,完全可以说动词本身就具有做主宾语的功能,说动词发生了"名词化"或"名物化"那是多此一举。朱德熙先生坚持"简单原则",并且说,"评价一种理论或系统的时候,简明性跟严谨性一样,都是很重要的标准。"

"简单原则"也叫"奥卡姆剃刀原则",对于同一件事情,一种解释依靠的假设多,一种解释依靠的假设少,那就应该相信那个假设少的。对于汉语的动词都可以做主宾语这件事情,一种解释需要两个假设,假设一是名词做主宾语,动词做谓语,假设二是动词做主宾语的时候转变成了名词;另一种解释只需要一个假设,就是动词的功能包括做谓语和主宾语。后一种解释的假设少,是应该相信的。总之,贯彻"奥卡姆剃刀原则"就是要操起"奥卡姆剃刀",凡是不必要的单位、范畴、操作步骤通通应该剃掉。

有人对"几乎所有的动词都能做主宾语"这个说法表示怀疑,他们问,一些抽象动词,比如"是、有、认为、等于"等

也能做主宾语吗?能。例如:

  我想是,她一定离婚了。

  有总比没有好,大家还是想有。

  认为怎么样?不认为又怎么样?

  我不要近似,我要等于。

只要有一定的语境,它们进入主宾语的位置不会受限制。还有人用语料库和统计数字来说事,有的说单个动词做主宾语在语料中只是占少数,有的说单音动词进入"名词+的+动词"这个结构极其受限制,限于书面语,在口语中尚无地位。但是请看一看朱德熙先生在论证汉语动词做主宾语没有"名词化"的时候所举的七个例证:

  去是有道理的。

  不去是有道理的。

  暂时不去是有道理的。

  他暂时不去是有道理的。

  他的去是有道理的。

  他的不去是有道理的。

  他的暂时不去是有道理的。

朱先生恰恰是拿单音动词"去"而不是双音动词做例证,既有单个的"去"也有"他的去、他的不去"等,说"动词和动词结构不管在哪里出现,形式完全一样",没有必要说"去"一词的性质转来转去,也没有必要说词组"不去"、"暂时不去"的性质转来转去。要是到语料库里去找的话可能根本找不到这些句子或者找到的极少,但是这并不能推翻朱先生的观点。语料库里一时找不到的句子不等于永远找不到,用乔姆斯基的话说,语法规则不仅要能生成已有的合乎语法的句子,还要能生成可能有的合乎语法的句子,这是当今"生成语法"的立论之本。

要说语料库,下面倒是从儿童语料库中找到的2—4岁儿童说出的话,动词和动词词组做谓词"怕"的宾语:

怕丢了。

我怕倒。

怕打屁股。

我怕说我。

我怕掉下去。

我怕不出来接我。

我怕过来偷我的。

不过我们仍然认为,语料库虽然很重要,应该参考和依靠,但是不可依赖,更不可迷信。

"中心扩展规约"也就是布龙菲尔德提出的"向心结构理论",也大致相当于当前"生成语法"里的"X-杠"理论,它是指:以一个成分为中心加以扩展,扩展后的结构的语法性质跟中心成分的语法性质一致。中心成分是名词性的,扩展后的结构也是名词性的,中心成分是动词性的,扩展后的结构也是动词性的。

我们面临的困境可以用一个最简单的例子来说明,就是"这本书的出版",它一般充当主宾语,按照"简单原则",我们不能说其中的"出版"已经"名词化",但是,说"出版"仍然是动词,那就违背了"中心扩展规约"——"出版"是动词,以它为中心扩展而成的结构却是个名词性结构。

正因为有这两个困境,我们就不难理解吕叔湘先生晚年的时候说,语法研究要"大破大立",可以暂时抛弃"词"、"动词"、"形容词"、"主语"、"宾语"等等名词术语,要敢于动一动原来不敢触动的一些条条框框。

现在有了"名动包含"的模式,我们至少可以在名词和动词的问题上摆脱这两个困境。"哭"到底是"词有定类"还是"词无定类"呢?名词和动词到底有没有区分呢?从一个角度看,可以说汉语里名词和动词是不分的,因为动词也是名词,"哭"是动词也是名词;从另一个角度看,可以说汉语里名词和动词又是分的,因为名词不都是动词,"鬼"和"墙"确定是名词不是动词。这个格局就是名词和动词的包含模式,动词作为一个特殊的次类包含在名词这个大类里边。这是摆脱第一个困境。因为"出版"是动词也是名词,所以不存在"这本书的出版"违背"中心扩展规约"的问题;因为"不出版"是动词词组也是名词词组,所以也不存在"这本书的不出版"违背"中心扩展规约"的问题。第二个困境也就摆脱了。

理论上的问题解决后,应用上的问题才有可能得到彻底的解决。受原来的词类理论的约束,把做主宾语的动词和动词结构标注为动词性成分,这不利于计算机对语句做结构分析,因为区分指称语和陈述语是分析和理解语句的时候最重要的区分。现在我们可以名正言顺地把它们标为名词和名词结构而又不会背上"词无定类"的包袱,从而排除它们是陈述语的可能性。

要说语法研究的"破",像"简单原则"和"中心扩展规约"这样的重要原理不要轻易破除,不然就要付出很沉重的代价。

只需要接着向前跨半步

"名动包含"模式的提出不需要破除"简单原则"和"中心扩展规约",而是只需在原来的理论基础上接着向前跨半步。要论证"名动包含"其实只需要ABC三点,我把它叫做汉语和印欧语差异的ABC:

  A. 他开飞机。 *He fly a plane. He flies a plane.
  B. 他开飞机。 *He flies plane. He flies a plane.
  C. 开飞机容易。*Fly a plane is easy. Flying a plane is easy.

请注意,A和C这两点差异是朱德熙先生早就坚持和强调过的,具体说,A是说汉语的动词"开"入句充当陈述语的时候不像印欧语那样有一个"陈述化"的过程——有人把它叫做"溶解"的过程,英语fly变为flies就是一个"溶解"过程,从这个意义上讲,汉语的动词就是陈述语;C是说汉语的动词按名词用——也就是充当主宾语——的时候不像印欧语那样有一个"名词化"或"名物化"的过程,英语有这个过程,fly要变为flying或者to fly。我只是在A和C这两点的基础上加上B而已。B是说汉语的名词"飞机"入句充当指称语的时候不像印欧语那样有一个"指称化"的过程,英语有这么个过程,plane要变为a plane,从这个意义上讲,汉语的名词就是指称语。把ABC三点综合起来自然就得到"汉语的动词也是名词,动词是名词的一个次类"这一结论。

B这一点我们过去不是不知道,只是没有加以重视。我曾经拿"他开飞机/He flies a plane"和"开飞机容易/Flying a plane is easy"这两对句子来问学生,要他们说出汉语和英语的主要差异,大多数人都能很快说出A和B两点的差别,却忽略C的差别。但是要知道,英语"He flies plane"跟"He fly a plane"一样都是不合英语语法的句子。这是因为我们还是习惯于从汉语看汉语,没有意识到汉语的光杆名词可以直接做主宾语原来是有别于印欧语的一个重要特点。我们要"破"的是这种只从汉语看汉语的习惯。

ABC三点,朱先生已经指出和强调了其中两点,在摆脱印欧语眼光的道路上向前跨了一步,我只指出并强调了一点,只能算是在朱先生前进的基础上接着向前跨了半步。朱先生强调和坚持的那两点是他留给后人的最重要的学术遗产,我们千万不要把它廉价处理掉了。

从类型学的角度看"名动包含"

我们还要破除一种已经习惯的观点,两个范畴的对立只有甲乙互相排除这一种情形。其实除了排除关系还有一种包含关系,甲包含乙。早在上世纪三十年代,雅可布森就在特鲁别茨考依的音位对立理论的基础上指出形态学中有后一种对立的存在。一个很好理解的例子就是英语里man和woman的对立，man包含woman，这种对立不同于"男人"和"女人"的对立：

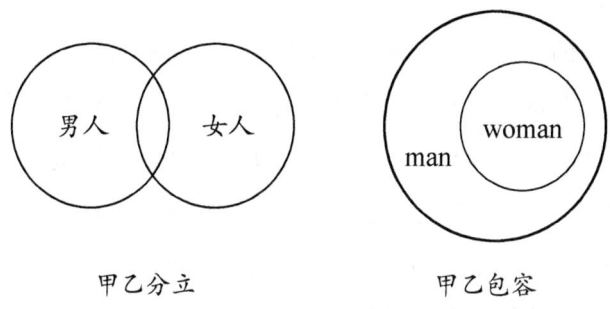

甲乙分立　　　　　　　甲乙包容

男人[+阳性]，女人[+阴性]　　man[−阴性]，woman [+阴性]

注意这里的"man[−阴性]"不是表示man不具有[阴性]特征，而是表示没有标明是否具有这个特征。那么就名词和动词而言，英语noun和verb的对立好比"男人"和"女人"的关系，而汉语名词和动词的区别好比"man"和"woman"的关系。当今的"生成语法"从英语出发认为人类语言里名词和动词的对立都是分立模式，名词为[+N]，动词为[+V]。这是只看到前一种排除关系的对立，其实人类语言还有名动包含的模式，名词为[−V]（表示名词没有标明是否具有[V]特征），动词为[+V]。除了汉语，我看到不止一篇文章说明菲律宾的他加禄语所有的实词都是名词，著名的生成语言学家拉森——就是提出"拉森壳理论"的那一位——最近在北大做演讲，他认为汉语跟伊朗一些语言一样很可能名词是一个包含动词在内的"大名词类"，他的这个结论倒是在"生成语法"的框架内论证得出的。其实他的论证很简单，"木的马"、"白的马"、"死的马"，既然这三个名词性短语里的"的"是同一个"的"——朱先生把它叫做"的$_3$",那么"的"前面的成分"木、白、死"一定属于同一个语类。

荷兰的一些语言学家近年来提出一个跨语言词类系统比较的"阿姆斯特丹模型",我和我的一个学生写文章对这个模型做过介绍。这个模型拿主宾语、谓语、定语、状语这四个句法槽位和能不能无标记地分别进入这些槽位做测试标准,来判断一种语言是否具备名词、动词、形容词、副词这四大词类。测试的结果使我们看到,像英语那样的名、动、形、副四分的类型并不是语言的普遍情形。各种语言的词类系统不仅不完全一致,而且看来有很大的差异。在这个模型里,有的语言如汤加语(南太平洋的一种波利尼西亚语)是名动合一的语言,有的语言如塔斯卡罗拉语(北美印第安语,易洛魁语系)是只有动词没有名词的语言。

除了这个"阿姆斯特丹模型",还有另一种跨语言比较的词类模型,区分"型—例"语言和"名—动"语言。按照这个模型,属于"型—例"语言的汤加语首先区分词型(type)和词例(token),然后在词例上才对名词和动词有所区分。总之,当前语言类型学家、功能语言学家和某些生成语法学家都在研讨这样一种可能:造成语言之间差异的根源之一是词类分合的差异,确定语言类型变异的一个重要参项是词类分合的参项。

我们还可以从"语法化"的角度来看名词和动词的分合。名词和动词如果是两个分立的类,交叉部分(名动兼类)很小，名词和动词的语法化程度就高；相反，如果名词和动词大部分交叠，名动基本不分，合为一类，名词和动词的语法化程度就低。用来衡量名词和动词语法化程度高低的标准是看"是否有一种固化的形式给某一部分光杆实词标记[+陈述]特征"。如果有了这种固化的标记，那么不同的光杆实词就分别和两种最重要的句法成分主宾语和谓语有了固定的联系，名词和动词的语法化程度就高。从这个角度着眼，我最近通过汉语、汤加语、英语的比较，发现在名词和动词的语法化程度上，汉语是最低的，印欧语是最高的，汤加语处在二者之间的过渡阶段：

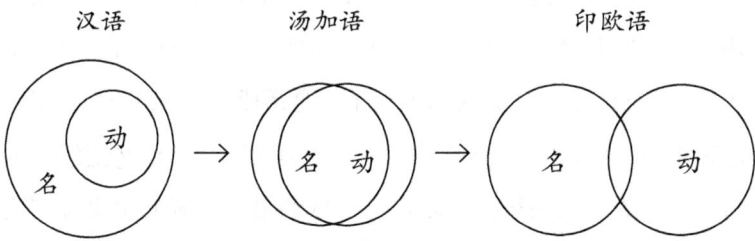

就像细胞分裂一样，印欧语的实词类已经裂变出两个相对独立的类"名词"和"动词"，汉语的实词类至今还没有实现这样的裂变，汤加语正处于这个裂变的过程中。这个"裂变"过程也就是词类的"语法化"过程，具体的语用范畴演变为抽象的句法范畴的过程。汉语虽然在短语层面上已经有标记[+陈述]特征的形式，主要是表示时体的"了、着、过"，但是它们都还不是强制性的标记；汤加语在短语层面上"词例"的这种标记形式已经成为强制性的标记，光杆词不加这样的标记就不能做陈述语,但是名词和动词都可以加这种标记;印欧语特别是拉丁语里这种时体标记已经成为动词词形变化的一部分,固化为动词的形态标记,所以是语法化程度最高的。我介绍这些情况是想让诸位知道,词类模式不是唯一的,从类型学的立场看,说汉语是"名动包含"更能说清汉语在世界语言大家庭中的地位。

"实现关系"和"构成关系"

我在论证汉语是"名动包含"的时候说,汉语的名词就是指称语,动词就是陈述语,这个事实并不是孤立的,而是跟另外两个事实联系在一起的。这两个事实一个是汉语的主语就是话题(topic),一个是汉语的句子就是话段(utterance)。赵元任先生说,汉语句子的主语"其实就是话题",他又把汉语的句子定义为"两头被停顿限定的一截话语",朱先生也说"确定汉语句子的最终根据只能是停顿和句调",这样定义的"句子"就是话段。

我说我只是在朱先生的基础上接着向前跨了半步,除了上面说过的那层意思,还有一层意思。朱先生已经提出,在英语这样的印欧语里,phrase和sentence之间的关系是小单位和大单位之间的关系,而汉语里词组和句子之间的关系是抽象单位和具体单位之间的关系。这是朱先生已经跨出去的前半步,我接着跨完的半步是,我说我们也可以用抽象和具体的关系来看英语的phrase和sentence,这样看的话,那么英语从抽象到具体是一种"实现关系",有实现的过程和方式,汉语从抽象到具体是一种"构成关系",抽象单位或抽象范畴本身就是由具体单位或具体范畴构成的,没有实现的过程和方式。

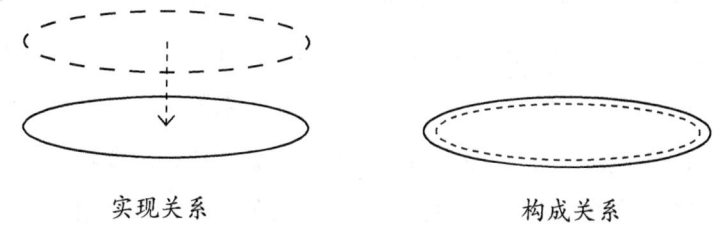

实现关系　　　　　　　构成关系

这张示意图里虚线圈代表抽象范畴,实线圈代表对应的具体范畴。如果抽象范畴"实现"为具体范畴,那就有一个实现的过程(带箭头的竖线),有实现的方式;如果抽象范畴的"构成"就是具体范畴,那就不存在实现过程和实现方式的问题。

这样,我们可以用"实现"和"构成"这对概念对英语和汉语在"句子"、"主语/谓语"、"名词/动词"这三个范畴上的区别做出统一的说明:

	句子/话段	主语—谓语/话题—说明	名词—动词/指称—陈述
英语	实现关系	实现关系	实现关系
汉语	构成关系	构成关系	构成关系

我现在要着重向诸位说明,"实现"和"构成"这一对概念并不是什么新奇的概念,而是极其平常的。例如,我们已经习惯于用"病毒"来指称隐藏的、能自我复制的、破坏电脑软件的那些程序,但是要知道一直有不少的科学家反对用"病

毒"来指称这样的程序，为什么呢？他们坚持说，使用这样的隐喻性术语掩盖了事实的真相，缺乏科学性。这表明，对于电脑病毒这个比较抽象的概念和一般病毒这个比较具体的概念之间的关系，不同的人有不同的看法，那些科学家认为电脑病毒这个概念通过一般病毒这个概念来"实现"，后者只是对前者的一种解释而已，而一般的老百姓觉得电脑病毒这个概念的"构成"就是一般病毒，前者离开后者就无法得到理解。我还要说明，"实现"和"构成"这对概念的区别不仅适用于语言分析，也已经在许多其他学科中得到广泛的运用。J.劳尔斯在1955年最先提出，人类活动的规则可以区分为两类："实现性规则"和"构成性规则"。

实现性规则：使正常的活动得以实现，如交通规则。

构成性规则：创造或构成活动本身，如球赛规则。

"实现性规则"可以概括为：如果是Y，实行X。例如，如果开车，实行红灯停绿灯走的规则。开车这一活动的存在跟交通规则的存在与否无关，不实行或不遵守同样可以开车，只是要受到惩罚或制裁。

"构成性规则"可以概括为：在环境E里实行X算作Y。例如，在足球比赛里用脚踢进或用头顶进球算进球。构成性规则构成人的活动，这种活动的存在就依赖于这种规则的存在。不遵守这种规则不会受到惩罚，只是不能获得预期的结果，足球赛手碰球进门就不算进球，下象棋马不走斜线将军就不算将军。

再举个例子。警察在西方是执法者，家里夫妻打架，警察来了二话不说，铐起丈夫就走，谁对谁错法庭上再说，谁也不敢碰警察一个小指头。在中国，警察来了先得劝架，闹不好身上还可能挨几下。中国警察的责任不仅仅是维护法律的秩序，还同时维护社会道德的秩序。可以说，在西方政治秩序只是借助道德秩序"实现"的；在中国政治秩序本身是由道德秩序"构成"的。还可以举个例子。2008年北京奥运会前北京市采取一些限制措施，比如汽车单双号行驶、打扫收拾门面等等，给市民带来很多不便。公安局长说家里有人结婚，不是都要大扫除、换上新衣服来迎接客人吗？中国办奥运会就像国家要举行婚礼。可是西方的调子就不同，中国政府的这些做法被看成是自我宣传和强迫民意。但是要知道，不仅中国政府希望给客人留下好印象，老百姓也是如此。这表明，在西方国只是由家来"实现"的，国是国，家是家，国事是国事，家事是家事。在中国，国不仅是由家来实现的，而且本身是由家"构成"的，国就是个大家，国家的事就是老百姓的事。这样的观念会在语言上反映出来，"国家"这个词儿跟"事物"一词一样，事物事物，事就是物，抽象的物，国家国家，国就是家，一个大家。我们还有"道德法庭"这个复合词，是一档收视率挺高的电视节目。

在谈到中国画和诗的关系的时候，苏东坡有一句名言"诗中有画，画中有诗"。红学家周汝昌先生说，不妨改说成"诗即是画，画即是诗"。可见，对于"诗"和"画"的关系，苏东坡和周汝昌的认识有差异：

  苏东坡：实现关系，"有"的关系，诗中有画，画中有诗

周汝昌：构成关系，"是"的关系，诗就是画，画就是诗

再看佛经中的四句话：

  色不异空，空不异色，色即是空，空即是色。（《般若波罗蜜多心经》）

这四句是很多人听过的佛偈，可以解释为：色离不开空，空也离不开色，色就是空，空就是色。前两句说"色"和"空"是实现关系，"有"的关系，有空才有色，有色才有空；后两句说"色"和"空"是构成关系，"是"的关系，色就是空，空就是色。

扭曲关系

"扭曲关系"（skewed relation）这个名称和语言现象是赵元任先生提出来的，它是指一种既对应又不对应的关系。甲对应A，乙对应B，这是一一对应，扭曲对应是甲对应A，而乙既对应B又对应A。

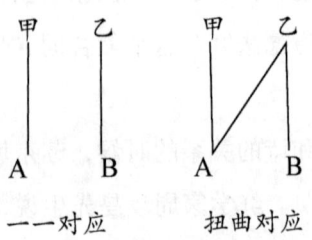

一一对应　　扭曲对应

"名动包含"的模式能很好地解释汉语中跟名词和动词有关的种种实际存在的扭曲关系，主要有以下五种。第一种，名词做

主宾语一般不做谓语，动词既做谓语也做主宾语。第二种，修饰名词用形容词一般不用副词，修饰动词既用副词也用形容词。这两种扭曲关系大家都很熟悉，不用多说。我只想补充，书写的时候"的"、"地"二字和"定语"、"状语"之间也是一种扭曲关系："地"只是状语标记，只能写成"漂亮的衣服"，不能写成"漂亮地衣服"，但是"的"既是定语的标记也是状语的标记，例如"我真的很爱你"，"这件事十分的容易"，还有：

中国人民解放军的迅速（的、地）转入反攻，使反动派惊惶失措。

个别系统和单位只注意孤立（的、地）抓生产而忽视了职工生活。

（转引自《语法修辞讲话》）

第三种，否定名词用"没"一般不用"不"，否定动词既用"不"也用"没"。"没有人"的"没有"文言只能说"无"，"没有来"的"没有"文言可以说"未"也可以说"无"。文言以单音词为主，单音动词和单音名词一样可以用"无"来否定，"无"既否定名词又否定动词的用法还很大程度上保存在现代汉语里，例如：

有头无尾 有口无心 有名无实 有一无二 有眼无珠 有意无意
无声无息 无法无天 无声无臭 有教无类 有死无二 无偏无党
有始无终 无私有弊 有去无回 有借无还 有备无患 有恃无恐
有惊无险 无拘无束 无怨无悔 无尽无休 无可无不可
有过之无不及 有一搭无一搭

第四种，连接名词用"和"一般不用"并"，连接动词既用"并"也用"和"。事实上"和"不仅用来连接两个名词性成分，也用来连接两个动词性成分，不管是双音还是单音，例如：

我们要继承和发扬革命的优良传统。
中央的有关文件，我们正在认真地学习和讨论。
多余的房子只能卖和出租。
老师讲的你要认真地听和记。

第五种，指代名词性成分用"什么"一般不用"怎么样"，指代谓词性成分既用"怎么样"也用"什么"。"怎么样"只能替代谓词性成分，"什么"既可以替代名词性成分，又可以替代谓词性成分，下面是朱德熙先生提供的例子：

替代名词性成分	替代谓词性成分
看什么？看电影。	看什么？看下棋。
怕什么？怕鲨鱼。	怕什么？怕冷。
考虑什么？考虑问题。	考虑什么？考虑怎么样把工作做好。
葡萄、苹果、梨，什么都有。	唱歌、跳舞、演戏，什么都会。

在汉语里实现上面这些扭曲关系，特别是实现示图中乙和A的斜线连接，都不需要动词的"名词化"，因为名词所具有的那些语法性质动词都具有，反之则不然。这正是"名动包含"模式的特点。这样的扭曲关系告诉我们，当我们用"无/未"和"和/并"这些手段来测试一个词语是名词性还是动词性的时候，我们只能肯定它不具有动词性，但是不能肯定它不具有名词性。汉语的实词天然地具有名词性，这就不难理解为什么汉

语的名词"本身不受否定"——这是吕叔湘先生说的,也不难理解我们很难从正面给汉语的名词定下一个仅为名词所有的语法特点,名词的语法特点是从反面讲的,就是名词不能像动词那样做谓语——这是朱德熙先生的意思。

大名词和摹状词

把名词、动词、形容词归为一个大类叫"大名词",有利于说明汉语的一个重要事实,名、动、形三者重叠后通通变为摹状词语。我在第一讲里已经讲过这个事实,形容词重叠变摹状词不用多说,如"白白、慢慢、大大方方、随随便便",动词也能重叠变摹状词,如"飘飘、抖抖、摇摇摆摆、指指点点"等,名词也能重叠变为摹状词,如"层层、丝丝、兴兴头头、妖妖精精"等。要补充的是,名词性、动词性、形容词性的词组重叠之后也一律变成摹状词语,例如:

很烫　　很烫很烫地做了碗姜汤
很小心　很小心很小心地挤出一点胶水
哭着　　哭着哭着就瞌睡了
一颤　　车身颤得一颤一颤的
大把　　钞票大把大把地往袋里扔
一本书　一本书一本书地读下去

现行的词类体系先区分名动形,然后在形容词内部分出两个小类,性质形容词和状态形容词,状态形容词也就是摹状词。从语法体系上来讲,根据以上事实,如果我们把"丝/山水"、"抖/摇摆"、"白/大方"分立为名词、动词、形容词三类,那么把一律通过重叠而形成的摹状词单单跟"白/大方"这类词定为一个类的两个小类就不合理。反过来,如果单单把"白/大方"这类词跟所有那些重叠而成的摹状词定为同一个类的两个小类,那么把重叠之前的"丝/山水"、"抖/摇摆"、"白/大方"分立为三类就不合理。合理的办法是,汉语的实词先在第一个层次区分大名词和摹状词,第二个层次再在大名词内区分名、动、形(指性质形容词)。

总之,汉语里名动形的区分相对大名词和摹状词的区分来说不那么重要,词和词组的区分也不那么重要,因为词和词组都能重叠后起摹状作用。

"出租汽车"问题

在汉语里讲语法结构,单双音节的区分居然比名动的区分还重要,因为要确定一个组合是动宾结构还是定中结构,主要不是看组合里的词是名词还是动词,而是看它们是单音还是双音。你知道了"出租"是动词、"汽车"是名词,仍然不知道"出租汽车"是定中还是动宾。相反,改变音节的数目,倒是能够把两种结构区分开来:"出租车"[2+1]是定中,"租汽车"[1+2]是动宾。

  动宾结构:出租汽车 租汽车 *出租车
  定中结构:出租汽车 出租车 *租汽车

这不是说汉语里名词和动词的区分一点没用,虽然"出租汽车"无法用名动来判定是动宾还是定中,但是对于"汽车出租"这个组合,知道它是"名+动"的序列还是可以判定它是定中,把动宾排除。单双音节区分的重要性还表现在:

| 碎纸机 | *纸碎机 |
| *粉碎纸张机 | 纸张粉碎机 |

上下左右的对立也跟"碎/粉碎"和"纸/纸张"的名动之分没有什么关系,而是跟单音双音(及语序)有关系。

定中结构以[2+1]的音节组合为常态,[1+2]往往不成立,这个单双音节的搭配模式跟中心语是名词还是动词无关,例如:

A	B	C	D
煤炭店	*煤商店	双虎斗	*虎争斗
酱油瓶	*油瓶子	欧洲游	*欧旅游
演讲稿	*讲文稿	十三评	*九评论
舞蹈家	*舞专家	本字考	*字考证

成立的情形单音中心语既可以是名词(A)也可以是动词(C),不成立的情形双音中心语也包括名词(B)和动词(D)。

动宾结构以音节组合[1+2]为常态,[2+1]为非常态,这也跟宾语是名词还是动词无关:

A	B	C	D
租房屋	?出租房	比长跑	?比试跑
买粮食	?购买粮	学画画	?学习画
关门窗	?开关窗	谈买卖	?谈判买

　　　　传疾病　　　?传染病　　　做调查　　　?进行查

　　成立的动宾结构的宾语既可以是名词（A）也可以是动词（C），不成立的动宾结构的宾语也包括名词（C）和动词（D）。

　　过去我们习惯在动词内先分出一类动性较弱的"名动词"来，判别的标准是，可以做形式动词"进行"等的宾语，可以受名词修饰，可以直接修饰名词，但是这些标准一是很不好把握，二是不那么重要。还有更加严重的问题，会导致理论的自相矛盾和体系的前后不一致。大家知道，叶斯柏森把英语动词的分词形式比喻为动词和名词的混血儿，兼有动词和名词双重性质，例如：

　　　　Brown deftly painting his daughter is a delight to watch.

　　　　Brown's deft painting of his daughter is a delight to watch.

动词paint的分词形式painting在前一句里受副词deftly修饰，带宾语his daughter，表现出动词的性质，在后一句里受三个定语Brown's、deft和of his daughter的修饰，表现出名词的性质。朱先生认为汉语的名动词"是类似的现象"，也是动词和名词的混血儿，兼有动词和名词双重性质。以名动词"研究"为例，作为动词，可以受副词修饰（不研究），可以带宾语（研究文学），作为名词，可以受名词和数量词修饰（历史研究，一些研究），可以做动词"有"的宾语（有研究）。朱先生进而认为"没有研究"是歧义结构：

　　　　没有研究$_N$（没有历史研究，没有一些研究）

没有研究$_V$（没有马上研究，没有研究文学）

一个"研究"是名词，一个"研究"是动词。按照名动词的这种定位，就可以推论"研究很重要"也是歧义结构，还可以进一步推论"跳很重要"也是歧义结构，在"富士康的十一跳很重要"里"跳"是名词，在"接二连三地跳楼很重要"里"跳"是动词。严重的问题是，一旦承认"跳很重要"也是歧义结构，那就等于说汉语所有的动词都兼有动词和名词的性质了，这就造成整个语法体系的前后矛盾。问题的关键在于，英语里所有的动词都可以加-ing变为分词形式，而朱先生界定的"名动词"却只是汉语动词中的一小部分，其实能够跟英语的分词形式类比的不是汉语的"名动词"而是整个动词类。这个问题的根子就是在汉语里过分看重名动的对立，把动词和名词完全对立起来。

如何解决这个问题呢？首先要确定汉语"名动包含"的大格局，在这个大格局之下，如果要在动词内部区分动性的强弱，应该首先用单音双音做标准来区分，因为单双音的区分直接关系到结构的类型，而且说一不二，便于把握，类似于形态手段。单音动词可以叫"动强名词"，双音动词可以叫"动弱名词"，不管动强动弱，都是名词的次类"动名词"。

补语问题

过分看重名动对立还使得我们不能很好地解决汉语里的补语问题。把动词后表事物的成分不管是动作对象还是动作结果一律叫"宾语",而对动词后表性状的成分就区别对待,把表动作对象的还叫宾语,把表动作结果的分出来叫"补语",这在逻辑上讲不通。既然我们已经承认汉语的宾语可以是名词性的也可以是动词性的,同时又承认宾语包括对象宾语和结果宾语,为什么非要把动词形容词充当的"结果宾语"叫做跟宾语对待的"补语"呢?

  拆房子(动作对象—宾语)　怕累(动作对象—宾语)
  盖房子(动作结果—宾语)　想累(动作结果—补语)

  写老师(动作对象—宾语)　打假(动作对象—宾语)
  写论文(动作结果—宾语)　打死(动作结果—补语)

  换了印度装　　　　　　　不学好,学坏。
   (动作对象—宾语)　　　(动作对象—宾语)
  换了印度装　　　　　　　没学好,学坏了。
   (动作结果—宾语)　　　(动作结果—补语)

上面每四项当中只有右下角一项跟其他三项不一致。我的意思是,可以把动词后表动作结果的分出来叫"补语",但是逻辑上不可以把它跟"宾语"作为对待的句法成分。如果我们一定要把"补语"和"宾语"对待,那么就得说"宾语"只有对象宾语没有结果宾语,或者就得说"宾语"只能是名词性成分不能是动词性成分,然而这两种说法都跟汉语的事实严重不符。如果用朴素的眼光来看汉语,并且把动词后补出的词语都叫"补语",取消"宾语",那么合理的格局应该是:

	对象补语	结果补语
事物补语	拆房子 写老师 换了印度装	盖房子 写论文 换了印度装
性状补语	怕累 打假 学坏	想累 打死 学坏

一个重要的例证是，动补结构"问明白"可以说成"问个明白"，而"问个明白"跟动宾结构"盖个亭子"在结构上是平行的。

盖了个亭子　　　问了个明白

盖一个亭子　　　问一个明白

盖他个亭子　　　问他个明白

盖得个亭子　　　问得个明白

盖了些亭亭馆馆　问了个明明白白

盖得了些亭亭馆馆　问得了个明明白白

电影《三枪》里有张艺谋唱的一首秦腔RAP，其中唱道："他大舅他二舅都是他舅，高桌子低板凳都是木头。"我们可以仿照着说，在汉语里，"表对象表结果都是宾语，名词当动词当都是补语"。也请诸位不要误解，我不是说取消宾语后补语内部不需要做出区分，我只是说这种区分是第二步的事情。

"之"和"的"的功能

"名动包含"的模式告诉我们不要过分看重汉语里名词和动词的对立,不要处处把动词跟名词对立起来。过分看重名动对立使得我们迟迟看不清"鸟之将死"和"这本书的不出版"里的"之"和"的"究竟起什么作用。

  The bird is going to die.   鸟将死
  the bird's coming death   鸟之将死

英语"The bird is going to die"和"the bird's coming death"语法性质很不一样:前者是句子,后者是词组,后者是前者词组化的结果;die是动词,death是名词,death是die名词化或指称化的结果。讲汉语语法容易比附英语,将"鸟将死"和"鸟之将死"看成是同英语一样的区别,于是在研究古汉语语法的时候,就有了"之"的作用是用来标记词组化、名词化、指称化这些说法。其实汉语里的"鸟将死"既是句子也是词组,"死"既是动词(相当于die)也是名词(相当于death),既是陈述语也是指称语,没有发生什么词组化、名词化或指称化。这不是说汉语里名词和动词不能分或不必分,而是说这种区分相对不重要,我们不必纠缠于"鸟之将死"或"这本书的不出版"里的"死"和"出版"到底是名词性的还是动词性的,重要的是弄清"之"和"的"的性质和功能。总之,"鸟之将死"和"鸟之双翼","这本书的出版"和"这本书的内容"可以看做同样的结构,"之"和"的"的功能是提高所指对象的指别度,不管这个所指对象是事物还是事件。过分看重汉语里名词和动词的对立使我们在研究古汉语"之字结构"的时候走了许多弯路，研究现代汉语"的"的性质和功能，希望不要再走弯路。

解释脑成像实验的结果

神经心理学的研究表明，英语和其他印欧语、名词和动词在大脑皮层的表征区域不同，动词的表征区域在额叶（frontal cortex），名词的表征区域在后叶（posterior cortex）。脑成像的实验表明，动词的呈现使大脑前部强烈激活，而名词的呈现使大脑后部强烈激活。这一结果跟神经心理学的研究结果相一致：布洛卡失语症患者处理动词有障碍——布洛卡区域位于大脑前部，威尼克失语症患者处理名词有障碍——威尼克区域位于大脑后部。

这里要介绍一项针对汉语的核磁共振脑成像实验，是让被试人做词汇判定（lexical decision），实验材料是汉语双音节的名词（道路、电影、观众）、动词（担任、打破、告诉）、动名兼类词（变化、编辑、建议）。实验的结果有这么两点：

1）汉语名词和动词激活的区域分散在大脑的前部和后部，名词和动词一样激活前部，而不是像英语那样只有动词激活前部。研究者认为这跟汉语语法里名词和动词的特殊性有关，动词可以自由地做主宾语，名词可以自由地做谓语。

2）只有尾状核（caudate nucleus）是唯一显示名、动有别的部位，在这个部位，名词的激活强于动词。已有的研究表明，人在执行许多认知和语言任务的时候，尾状核和前额部分有相似的作用。研究者说他们不清楚为什么尾状核部分只激活名词。

　　第一点所说的汉语语法的特殊性有点问题，汉语的事实是动词可以自由地做主宾语，但是名词并不能自由地做谓语，名词和动词的功能是不对称的，不仅汉语是这样，英语也是这样，我有一篇文章《从"演员是个动词"说起》就专门谈这一点。有了汉语"名动包含"的模式，那么不仅可以改正第一点的说法，第二点里说不清楚的原因也能得到很好的说明。看下面的示意图：

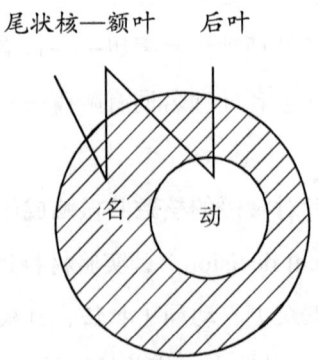

动词作为名词的一个次类包含在名词里，动词也是名词，是动名词，动名词跟一般名词的区别就在于它除了做主宾语还能做谓语，它除了激活额叶还激活后叶，所以动词和名词都能激活额叶。另一方面，名词不都是动词，那些不是动词的名词除了激活后叶和额叶还激活跟额叶作用相似的尾状核部分。

儿童习得名词和动词

有一项语言心理学的实验采用的是"匹配法",要求被试儿童把一些新词跟事物或动作配对。实验的结果表明,英、日、汉三种语言的儿童在三岁的时候都已经能把一个新的名词跟一种新的事物联系起来,五岁的英语儿童和日语儿童都能把一个新的动词跟一种新的动作联系起来,但是五岁的汉语儿童还做不到,他们到了五岁还是倾向于把一个新的动词跟一种新的事物联系起来。

对这个结果的解释是,习得事物概念比习得动作概念容易,儿童习得名词和动词的时候有"名词偏向"(noun bias),也就是说,遇到一个新词,儿童先默认它是一个名词,把它跟一种新的事物联系起来,除非有相反的线索表明它不是名词而是动词,才把它跟一种新的动作联系起来。用来判定是动词的线索主要有:1)主目结构信息,就是跟动词配合出现的主目(argument),主要是主语和宾语;2)专门附加于动词的各种形态标记。英语的主目位置不能落空,句子不能没有主语,宾语不能随便省略,动词的形态却不如日语发达。日语的主目位置可以落空,而动词的形态比英语要发达。汉语这两种线索都缺乏,很难把一个新词跟一种新的动作联系起来,不得不依靠上下文或语境方面的信息,所以汉语儿童习得动词比英语和日语都慢。

过去有人认为汉语跟日语一样是"动词亲和"语言,因为汉语和日语的主目位置都可以落空,叫做argument dropping,这跟英语不一样，而汉语主目落空比日语还自由，汉语的动词亲和程度最高。按照这个说法，应该推论汉语儿童习得动词要比名词快，也确实有其他的研究说是能证明这个推论，"动词亲和"语言的汉语、韩语和日语都是儿童词汇中动词比名词多。这个结论的问题是研究者都不是采用匹配法，而是靠母亲和研究者自己来判断是动词还是名词，但是这种判断是很难的，不可靠，即便儿童已经能说出一个动词，这也不表明儿童已经跟成人一样掌握了这些动词的意义。另外，特别是在独词和双词阶段，研究者也不知道说出的词在儿童心目中到底是名词还是动词。只有当儿童能在一定的语境里把一个新的动词和一种新的动作联系起来的时候，这才能说明儿童已经正确掌握了这个动词的用法。

总之，我们介绍的这项匹配实验，结果是日、英、汉三种语言都是习得动词晚于名词，这证明习得的时候有"名词偏向"。三种语言习得动词的早晚有差异，这是因为它们各自的语法特点造成的，汉语的动词还没有完全从名词里分离出来，可以用来判别动词的线索最少，所以儿童的习得最难。

语法研究的破和立

吕叔湘先生说汉语语法研究要"大破大立"，要大破，就是要敢于触动一些重大的、传统的观念，最要紧的是要摆脱印欧语眼光的束缚。两个范畴的对立明明有"男人"和"女人"的分立对立和man和woman的包含对立这两种情形，我们过去不

第三讲 为什么说汉语的动词也是名词?

假思索地认为汉语里名词和动词只能是分立对立,显然是观念上受了印欧语的框框的束缚。第二要紧的是要打破从汉语看汉语的习惯。汉语的光杆名词可以直接做各类指称语,这其实是汉语区别于印欧语的一个重要特点,我们过去忽视了这一点不能不说是只从汉语看汉语、不识庐山真面目。

相反,对于前人在摆脱传统观念上已经取得的重要成绩,非但不能破除,还要坚持和继承。汉语的动词做主宾语的时候没有"名词化",汉语的句子和词组是一套结构规则,词组和句子之间是抽象单位和具体单位之间的关系,这些都是前人留给我们的重要遗产,千万不要廉价处理掉。

在汉语里过分看重名动对立,使得我们反而看不清那些比名动区别还重要的现象。比如重叠现象,它是汉语不同于印欧语的一种重要的形态手段;比如单音和双音的对立,它能直接区分结构的类型,是一种准形态手段;比如,跟名词和动词有关的多种扭曲现象,它们都跟名词和动词的分布状况有重要关系;再比如,先秦汉语之字结构中"之"字的功能,它在很大程度上还是个指示词,我们却走了许多弯路,去探讨什么名词化和词组化。

虽说是"破字当头,立在其中",但是在我看来我们在"立"的方面还要做艰苦的工作。我们已经做了一点立的工作,比如,在汉语里首先第一刀切分名词和状词,第二刀才在大名词内部对名动形有所区分,确立名动形包含对立的模式;比如,首先用单音双音做标准在动词内部区分动性的强弱,其次再在双音动词内区分动性的强弱;比如,对汉语的补语问题提出一种新的解决办法,取消"名词性成分不充当补语"的人为限制。

王选院士解决了汉字的电脑输入难题,了不起。中国语言学家面临着一个更加严峻的挑战:如何让电脑理解"出租汽车"?在理论上和大局上对汉语的特点有了更深刻的认识之后,应用上的创新是可以期待的。

参考书目

关于汉语"名动包含"的论述,请参看沈家煊(2007)汉语里的名词和动词,载《汉藏语学报》第1期27-47页;沈家煊(2009)我看汉语的词类,载《语言科学》第1期1-12页;沈家煊(2009)我只是接着向前跨了半步——再谈汉语的名词和动词,载《语言学论丛》第四十辑3-22页;沈家煊(2010)"病毒"和"名词",载《中国语言学报》第14期1-13页;沈家煊(2010)从"演员是个动词"说起,载《当代修辞学》2010年第1期1-12页;沈家煊(2010)英汉否定词的分合和名动的分合,载《中国语文》第5期387-399页;沈家煊(2010)如何解决"补语"问题?载《世界汉语教学》第4期435-445页;沈家煊(2011)朱德熙先生最重要的学术遗产,载《语言教学与研究》第4期1-13页;沈家煊、完权(2009)也谈"之字结构"和"之"字的功能,载《语言研究》第2期1-12页;完权、沈家煊(2010)跨语言词类比较的"阿姆斯特丹"模型,载《民族语文》第3期4-17页。关于名词和动词的脑成像实验,请参看Ping, Li, Jin Zhen, and Tan Li Hai(2004)Neural representations of nouns and verbs in Chinese: an fMRI study. *NeuroImage* 21, 1533-1541页。关于儿童习得名词和动词的心理实验,请参看Haryu, E., M. Imai, H. Okada, L. Li, M. Meyer, K. Hirsh-

Pasek, & R. M. Golinkoff（2005）Noun bias in Chinese children: Novel noun and verb learning in Chinese, Japanese, and English preschoolers. In Brugos, A.,M.R. Clark-Cotton & S. Ha (Eds.), *Proceedings of the 29th Annual Boston University Conference on Language Development.* Somerville, MA: Cascadilla Press. 272-283页。

第四讲　说，还是不说？
——虚词研究的一个重要问题*

　　汉语的语法研究，语序和虚词是两个重要的方面，我们甚至可以说，离开了讲语序和讲虚词，汉语的语法根本没有多少东西可以讲。汉语虚词的意义和用法往往很复杂，研究的时候有两种偏向。一种偏向，比较极端的，是给一个虚词列出七八个甚至十几个义项或用法，而又不说明这些义项或用法之间的联系，学习者很难一一理解和掌握。还有一种偏向是只给出一个概括的意义或用法，这个概括意义必定十分抽象，比如说某某语气词是"表示强调"，到底强调什么就要让你自己去猜了。更糟糕的是，有人说它是表示强调，又有人说它是表示委婉，那就互相矛盾了。要感谢伊芙·斯维策，她为我们的虚词研究提供了一个"三个认知域"的框架，我觉得可以用三个简单的汉字来翻译，就是"行、知、言"，分别叫行域、知域、言域。这个三域框架在刻画词义和词义演变的时候既不繁琐又

---

* 本内容曾于2011年1月26日在东京大东文化大学中国语学科做过演讲。

不过分简单,既能说明不同义项或用法之间的区别,又能说明不同义项或用法之间的联系。三域当中,行域和知域比较容易理解,而言域不是那么好理解,或者被忽视,或者被误解。诸位,我今天要讲的这个题目"说,还是不说"就跟研究虚词的"言域"用法有关。加上小结,分以下七点来讲。

说和不说毕竟不一样

同样一件事情,由于情景、立场、个人性格等等不同,有人觉得"说和不说一个样",说了白说,有人觉得"说和不说不一样",说了不白说。

晓莉:我们马上离婚!

张强:再给我一次机会吧!我一定改。

晓莉:这样的话你说了多少遍了,不要再说了。

张强:求求你再给我一次机会!我真的一定改。

这个对话里,晓莉认为说和没说一个样,"再给我一次机会吧"这个请求,"我一定改"这个承诺,都是说了白说。张强却坚持认为说和不说不一样,说了不白说,所以又说了一遍。

晓莉:你到底爱不爱我?说。

张强:莉莉,我的心你还不明白吗?!

晓莉:不行,我就是要你说出来。

张强:莉莉,这还用说吗?!

晓莉:说,说呀!

这里张强认为说和不说无所谓、一个样，晓莉却坚持说和不说不一样，"我爱你"这三个字说了不是白说，非要他说出来不可。同一个人在不同的场合，有时候觉得说和不说一个样，有时候觉得说和不说不一样。

虽然因人因事而异，但是说和不说毕竟不一样，这是我要说的第一点。在座的诸位大概都有这样的经历，面临一件事情，到底是说还是不说会犹豫不决、难以取舍。有人认为，"不随地吐痰"、"不掺假造假"、"不以权谋私"，这都是常识，常识是无需多说的。不对，常识也需要重复、需要强调，不说，人的精神就会下滑以至于没有止境，所以我们还在无奈地重复着说。当领导，有时不说话是默许，有时不吱声是不赞同，不管是默许还是不赞同，如果出了岔子要追究，只要他没有说过他就可以推脱责任，说和没说毕竟不一样，也因此有"沉默是金"一说。

按照奥斯汀的"言有所为"理论，说话和做事一样都是"行为"，做和不做不一样，说和不说当然也不一样。说了就有"语力"和"语效"，不说就没有"语力"和"语效"。"语力"一词是翻译illocutionary force。

有时候说的语力是间接的，是一种"言外之意"，虽然字面上没有，但是可以按照格赖斯的会话的"合作原则"推导出来。"言外之意"虽然容易推导出来，但是只要没有直接说出来就可以不承认它，这叫做言外之意的"可取消性"，例如：

甲：我算是遇上了小人。

乙：你什么意思？说我是小人？

甲：不，我没有这么说。

乙：哼，你心里明白。

甲：我就是没有这么说！

甲表示没有这么说就没有这个意思，没有说出来的"言外之意"不算数，说和没说不一样；乙认为没有这么说也有这个意思，"言外之意"谁都会推导，说和没说一个样；最后甲还是坚持说和没说不一样。只要甲这么坚持，乙也没辙。

这么说和那么说不一样

说和不说不一样，因为说了有语力，不说没有"语力"；这么说和那么说也不一样，因为这么说有这么说的语力，那么说有那么说的语力。下面是一些例子：

——你们搞错了，你不是我姐姐。

——可你是我弟弟。我认出来了。

这是王朔的小说《玩的就是心跳》里的对话，甲不是乙的姐姐，乙怎么会是甲的弟弟呢？王朔是玩语言的高手，知道"你不是我姐姐"和"我不是你弟弟"这两种说法有不同的语力或语效。

他的名片竟然粘在了汽车大梁上，以至于被偷窃的汽车是根据这张名片才找到的。颠倒一下主宾位置，说成汽车粘在名片上，更绝。

这是王蒙的文章《精神侏儒的几个小镜头》里的话，后一种说法"更绝"，是因为反讽的语力和语效更佳，王蒙先生自然也深得此道。

中国的足球健儿没有屡战屡败——他们是屡败屡战。

曾国藩把幕僚写的战报"屡战屡败"改成"屡败屡战",前一种说法是"衰尾道人",后一种说法是"越挫越勇"。这个故事广为流传,经常有模仿的表达,上面的话就出自中央电视台的体育评论。

去年崔兴汉去苏联访问,宾馆的一位服务员说:"我看您像日本人。"他纠正她:"不,应该说日本人像中国人!"苏联姑娘可能至今也不知个中的微妙区别。

这是作家金河在《东北作家》一文里的话,甲像乙也就是乙像甲,崔先生为什么要"纠正"服务员的说法呢?"中国人像日本人"的说法是以日本人为标准,"日本人像中国人"的说法是以中国人为标准,这就是"个中的微妙区别"。总之,不仅是作家和笔杆子,就是一般人也明白这么说和那么说不一样。这是我要讲的第二点。

"寒暄"——从言语到言语行为

"寒暄"的本义是"冷暖",我名字里那个"煊"字跟"暄"相通,晒太阳或者烤火就暖和。因为见面的时候经常说些天气冷暖的应酬话,"寒暄"一词就演变成了动词,表示"问寒暄、叙寒暄、通寒暄"的意思,"暄"字也相应地改写成"喧"了。我们研究所的李明先生对这种演变做了详细的说明,请看例子:

> （王母）下车登床，帝跪拜，问寒暄毕，立。（《太平广记》卷三引《汉武内传》）

> 先生往净安寺候蔡。蔡自府乘舟就贬，过净安，先生出寺门接之，坐方丈，寒暄外，无嗟劳语。（《朱子语类·朱子四》）

头一句的"寒暄"还是问的内容，下一句的"寒暄"就已经是"问寒暄"的意思了。李明的文章指出，还有很多词语经历了跟"寒暄"相同的演变，包括近代的"珍重、起居、不审"和现代的"再见"等：

> 曹山乃倒卧，师便珍重而出。（《祖堂集》卷三，菏泽和尚）

> 一两日间，儿子便到，跪拜起居："自离左右多时，且喜阿娘万福。"（《变文·目连缘起》）

> 那群孩子像大人一样互相握手告别，大声再见。（王朔《我是你爸爸》）

"珍重"变成了"道珍重"，"起居"变成了"问起居"，"再见"变成了"说再见"。"不审"的情形复杂一点，本义是"不知道"，经常用在问候语的开头，例如下面的头一句a，禅宗和尚就经常单用"不审"做问候语，例如中间一句b，到了下头一句c，"不审"就已经变成了"问不审"：

> a. 顾司空时为扬州别驾，援翰曰："……不审尊体起居如何？"（刘宋·刘义庆《世说新语·言语》）

> b. 夹山有僧到石霜，才跨门便问"不审"。（《祖堂集》卷七，岩头和尚）

c. 树神……直至菴前，高声不审和尚。(《变文·庐山远公话》)

李明先生把这一类词义演变概括为"从言语到言语行为"，也就是：

"说的话X"代替"说X"

下面我想说明，一些虚词"虚而又虚"的演变过程跟上面这类实词的词义演变是同一个道理，这是我这次要讲的重点，我要先从"再见了"的"了"讲起。

"了"——从行域到言域

现代汉语的"了"（le）由实义动词"了"（liǎo）虚化而来，一般说动词后的"了"表示动作的"完成"或"实现"，句末的"了"是"肯定事态出现了变化"或"出现了新的事态"。但是请看下面这些句子里句末的"了"字：

再见了，走好。

走好了，再见。

请了！

保重了！

对不起了！

没关系了！

咱们坐了！

请喝茶了！

这些句子不加"了"也可以，只是口气生硬一点。《现代汉语八百词》说这些句末的"了"并"不表示有过什么变化",这就跟"肯定事态出现了变化"的概括相矛盾了。其实这些句子都是见面或告别的时候常说的寒暄话,寒暄话没有多少意义,却是人际交流不可缺少的润滑剂,说和不说毕竟不一样。这些句子实际都是:

  "说的话X+<u>了</u>"代替"我说X+<u>了</u>"

  说的话X多种多样,个别X代替"说X"的用法已经固化,例如"再见"(不过《现代汉语词典》还没有给"再见"一词增加"告别"这一义项),大多数X的这种用法还只是临时用法,形式没有固定下来,比如还可以变化着说"咱们坐着说了"、"请吃点水果了"等等,但是"了"是统一的"了",所以我们可以把着眼点从X转移到统一的"了"字上来。如果着眼于"了"的用法,那就是:

  "X后的<u>了</u>"代替"我说[X]了"

  如果说一般句末的"了",例如"他们俩告别了"的"了",是表示"新事态"的出现——"他们俩告别"是一个新事态,那么告别的时候说的"再见了"的"了"是表示"新言态"的出现——"我说'再见'"是一个新言态,我过去把这两个"了"分别称为"行域"的"了$_行$"和"言域"的"了$_言$"。

  了$_行$:表示"新事态的出现"

  了$_言$:表示"新言态的出现"

  说话也是做事,"言态"也是一种"事态",一种特殊的"事态"而已。"言态"是言者和听者之间的交流状态,总是跟言者"我"的态度、立场、情感有关系，跟一般的"事态"相比带有较强的"主观性"，是一种较"虚"的事态，所以说"了"从行域到言域的词义引申是一种"虚而又虚"的演变。

"了$_言$"表示"我说[X]了"，这跟"寒暄"表示"道寒暄"有同有异，相同之处是都表示"说"这一行为，不同之处是"了$_言$"一定是"我"说和"现在"说。请比较下面两句：

  a. 他们俩挥手再见了。

  b. 再见了，走好！

都是"再见了"，a句是"再见"表示"说再见"，"再见"的这种用法已经固化，所以"了"还是"了$_行$"，b句的"了"才是"了$_言$"。

明白了这一点就很好解释句末"了"的其他一些难以解释的用法。"言态"除了常说"寒暄"套语外，还有"请求、命令、警告、询问、许诺、宣布"等等，下面一一举例来说明。

  帮帮我了！

  给碗粥喝了！

  千万别开除我了！

  把枪放下了！

这类句子都属于请求或命令，不加"了"也可以，只是生硬一点。"帮帮我了"实际是"我请求[帮帮我]了"，"把枪放下了"实际是"我命令[把枪放下]了"，可以概括为"我请求/命令[X]了"，"了"的作用就是表示新言态"我请求X"的出现。有人觉得上面这些话好像只为一部分年轻人所说，这表明"了"这种虚化用法才刚刚开始。

第四讲 说，还是不说？

> 快点了！
> 抓牢了！
> 别去了！
> 当心摔倒了！

这类句子都属于提醒、警告或规劝，不加"了"也可以，只是生硬一点，"了"的作用就是表示新言态"我提醒/警告/规劝X"的出现。

> 去了老李、小张，还有谁了？
> 每天迟到，你还想不想要这工作了？
> 这衣服怎么不漂亮了？

这类句子都属于疑问或反问，不加"了"也可以，只是生硬一点，"了"的作用就是表示新言态"我询问/反问X"的出现。

> 就这样了！
> 包在我身上了！
> 不逼你了！
> 是了！
> 不了！

这类句子都属于承诺、应允或拒绝，不加"了"也可以，只是生硬一点，"了"的作用就是表示新言态"我承诺/应允/拒绝X"的出现。

> 主席：现在开会了。
> 老师：安静，上课了。
> 经理：你被录用了。

拍卖师：这件拍卖品归你了。

这类句子都属于"宣布"，说话人必须是根据某种制度或仪式被承认为具有特定权力的人，一旦说话人具备这种权力，那么在话语说出的同时，宣布的行为就得以实施，宣布的事情就得以实现。这个"了"就是表示新言态"我宣布X"的出现。

总之，以上这些"了"都是"了$_言$"，等于"我**说**[ ]了"，黑体的"说"是一个抽象的"说"，代表请求、提醒、询问、许诺、宣布等各种不同的言说行为。最近我到上海开一个研讨会，会上有河南大学的张宝胜先生，他是河南汝南人，从小说纯正的汝南话，他提交的文章说，汝南话里"了$_行$"的语音形式是[lɛ]，"了$_言$"的语音形式是[le]，虚化程度更高的"了$_言$"语音上也更加弱化。

"了$_言$"在表示新言态出现的时候，"新言态"是随语境或者上下文而变化的，这正是"了$_言$"的特点，这一点务请大家注意，例如"吃饭了"，语境不同，言态也就不同：

a. 快，吃饭了！（孩子临吃饭前还玩得起劲，妈妈这么说是个"催促"）

b. 来，吃饭了！（病人没有食欲不想进食，亲属这么说是个"规劝"）

c. 好，吃饭了。（在亲属的不断规劝下，病人这么说是个"应允"）

过去说这个"了"是表示"事态即将出现变化"，有人还说这是"了"的"将来时"用法。但是胡适先生早在1921年《国语文法的研究方法》一文里就提出质疑：明明是未了的动作，为什么须用那表示已了的"了"字？语言类型学的研究也表明，用表示完成体的词或者词素来表示将来时，那是极为罕见的，在世界各种语言的语词"虚化"途径的记录中找不到这样的个案。

还有一个要回答的问题，为什么这个"了$_言$"有舒缓语气的作用呢？那是因为直接说和间接说的"语力"强弱不一样，例如：

你把枪放下！

你把枪放下了！＝我命令[你把枪放下]了。

同样是一个命令X，加上"了"之后，这个命令是通过陈述一个新言态"我命令X"的出现而间接实现的，而"命令"一词又隐而不现，所以它的命令语力就弱一些，听上去委婉一些。

其他虚词进入"言域"

虚词引申出虚而又虚的"言域"义，这是一种普遍现象，下面来说说其他虚词进入"言域"的情形，只能举一些例子。先看重读的"就"和"才"（`X表示X重读）：

我`就不嫁。

我`就嫁他。

我`才不嫁呢。

*我`才嫁他呢。

这种强调语气，"就"用在否定句和肯定句都很常见，"才"

一般只用于否定句，还通常和句末的"呢"字连用，这两点都需要做出解释。先说"就"和"才"的一般用法，一般用法不需要重读：

  他用功就能学好。

  他用功才能学好。

用"就"的时候，"用功"是学好的充足条件，"只要"用功就"必定"学好，说话的语境是言者认为听者的期待量过大；用"才"的时候，"用功"是学好的必要条件，"只有"用功才"可能"学好，说话的语境是言者认为听者的期待量过小。"就"和"才"的语义可以概括为：

  "就"表示：只要满足一个小于期待的低门槛条件y（充足条件），x得以实现。

  "才"表示：只有满足一个大于期待的高门槛条件y（必要条件），x得以实现。

我要说明，重读的"就"和"才"也是表达这种意义，只是在"言域"内表达这种意义而已。

  我`就不嫁。——只要满足一个低门槛的条件（充足条件），我说"我不嫁"，"我说'我不嫁'"这个言态得以实现。

  我`才不嫁呢。——只有满足一个高门槛的条件（必要条件），我说"我不嫁"，"我说'我不嫁'"这个言态得以实现。

说"我`就不嫁"的时候，一个典型的低门槛条件是这样的：你劝说我嫁人，只要你说"嫁人吧"我就说"我不嫁"，你说一个"嫁人吧"我就对着说一个"我不嫁",我的态度是坚持不嫁。"嫁人嫁人,我`就不嫁。"这个"就"相当于表示执拗的"偏"字,强调语气是坚持。看上去是你说了白说,说和不说一个样,其实说和不说还是不一样,所以你说一个"嫁人吧"我总要回应一个"不嫁",不过回应的条件确实是低得不能再低。

说"我`才不嫁呢",一个典型的高门槛条件是这样的:你劝说我嫁人,我即使心里不想嫁嘴上也不说"我不嫁",我说和不说可不一样,"一言既出,驷马难追"。要是我真的说出"我不嫁"来那一定是坚决不嫁、绝对不嫁。这个"才"是表达一种"决绝"的态度,强调语气是坚决。我要特别提请你注意我说"我不嫁"了,"呢"能起到"提请注意"的作用,所以"才"通常和"呢"连用。

为什么这种重读表示强调的"才"一般限于否定句,而"就"不受这个限制呢?道理是这样的,说出一个否定句的时候总是预设一个相应的肯定命题,例如:

　　警察:把车停到这边来。
　　司机:我没有违反交通规则呀!

司机说"我没有违反交通规则"的时候预先假设警察相信一个相应的肯定命题"我违反了交通规则"。上面说"我`才不嫁呢"和"我`就不嫁"的语气区别是"我坚决不嫁"和"我坚持不嫁"的区别,说"我坚决不嫁"的时候要预设对方持有一个强烈的肯定命题"我嫁",而表达"我坚持不嫁"的时候已经跟这个肯定预设没有直接的关系。

再来看虚词"又"的一种用法：

　　他又不是老虎，你怕什么？

　　我又不是你儿子，你管不着！

　　天又不会坍下来，有事我顶着！

《现代汉语八百词》说这个重读的"又"表示语气，起"加强否定"的作用。我们说，这个"又"的语义跟一般的"又"表示"重复"（例如"他昨天来过，今天又来了"）是一致的，只是在"言域"内表达这一意义而已。"他又不是老虎"实际是：

　　我又说，"他不是老虎"，你怕什么！

"他不是老虎"，这是个不用说也成立的命题，为什么我说了"又说"呢？回答是，说还是跟不说不一样，说了才有"语力"和"语效"，不说就没有"语力"和"语效"。"他不是老虎"，说这句话的语力是"劝慰"，说了就有语力，又说一遍就是又一次劝慰。这个"又"实际是"又$_言$"，等于"我又说"。

再看虚词"还"的一种用法。拿"还"和"更"做比较的时候，有人指出"更"可以用于三项比较，"还"不能用于三项比较，例如：

　　长江比黄河长，比淮河就更长了。

　　*长江比黄河长，比淮河就还长了。

但是，当"还"进入言域之后就可以用于三项比较了，例如：

　　长江比淮河长，比`黄河还长呢。

这句话里的"还"是言域用法,"黄河"一词一定要重读,句子不是在做陈述性的比较,而是言者引述一个说法"长江比淮河长"并且对这个说法表态,认为它提供的信息量不足,同时增补一个说法"长江比黄河长",加"呢"是为了让听者注意这个增补的说法,这个说法提供了关于长江之长的足量信息,全句可以翻译成:你说"长江比淮河长",我还要说"长江比黄河长"。注意这句话里的"还"反而是不能用"更"来替换的,"长江比淮河长,比黄河就更长了"的说法违背逻辑。

再看表示转折的连词"可是":

  a. 钱少,可是需要快跑。（一般转折）
  b. 钱少,可是无需快跑呢。（言域转折）

"钱少"按事理"无需快跑",可是事实上"需要快跑",前后形成逆转,所以a句的"可是"是一般的"行域"用法。b句"钱少"而"无需快跑",按事理是顺接而不是逆转,怎么也用上"可是"了呢?b句出自老舍的《骆驼祥子》,应该按"可是"的"言域"用法理解为:

  有人说钱少,可是我说无需快跑。

"可是$_言$"连接的是两种说法:说"钱少"隐含着"这活儿别干",说"无需快跑"隐含着"这活儿干"。说了才有言外之意,不说就没有言外之意;不同的说法有不同的言外之意。因此这一句是"干!"与"别干!"这两种语力之间存在逆转关系。这种言域用法的转折句实际上是:

  虽说p,但我(不说p)说q。

再来看表示递进的"而且":

　　这房价不仅中收入层买不起,而且高收入层也买不起呢。

　　这房价不仅高收入层买不起,而且中收入层也买不起呢。

很多人说后一句不符合形式逻辑的递进关系,是个病句。其实它不是什么病句,在当下注重民生的语境里它是可以说的,而且很适合这么说,它表达的意思是:你口口声声说"高收入层买不起",我不仅说"高收入层买不起",而且还说"中收入层买不起",因为从民生出发"中收入层买不起"比"高收入层买不起"更值得关注,说"中收入层买不起"比说"高收入层买不起"更重要,说什么跟你想强调什么有关系。所以后一句如果成立实际是两种重要性不同的"说法"之间形成递进关系,是"而且"一词的言域用法。

最后说说介词"被"的一种新用法:

　　被自杀,被就业,被幸福,被中产

"被XX"荣登2009年"十大流行语"社会生活类榜首。XX是不及物动词或形容词,甚至是名词。有人说"被"的这个特别用法是表示"被强迫",说得并不到位。"被房奴"和"被上网"是"被强迫成房奴"和"(作品)被强迫上网"的意思,但是"被自杀"并不是"被强迫自杀"的意思,因为事实不是自杀而是他杀,大家知道当事人是被活活打死的;"被就业"也不是"被强迫就业"的意思,事实是没有就业即失业。其实这种"被XX"是"被强说成XX"的意思:"被强说成'自杀'"、"被强说成'就业'"、"被强说成'幸福'"、"被强说成'中产阶级'",等等。这是言者故意把"说"字隐去,把嘴上说的当成实际做的,通过言和行的反差产生强烈的修辞效果。"被"的这种用法的出现表明"被"字正在向"言域"义虚化,这种意义能不能固化沉淀下来,还要再观察一段时间。

进入"言域"后的演变

现在我想说一说有些虚词的词义引申是由虚词进入"言域"所引发的,例如"就"的言域用法也是"就"引申出"只"义的起因。

我身上就三块钱。

这个"就"相当于限定范围的副词"只"或"仅仅",可以重读但不是一定要重读。"就"字的本义是"靠近"和"达及","达及"蕴涵"靠近"。"用功就能学好"里的"就"仍然有"靠近"和"达及"的意思,只要满足"用功"的条件就靠近和达及"能学好"的状态。值得追究的问题是,从"靠近"和"达及"的本义怎么会引申出"只"、"仅仅"的意义来?好像还一直没有人能说清楚这一点。

已经有人发现,"就"相当于"只"的用法出现得很晚,在元代、明代并不多见,直到清代"就"还是要跟"只"连用才表示限定范围。还有不少人指出,"就"相当于"只"的用法起先只是北京话的说法,然后才扩展到普通话里,而且用法上也不如单纯表示限定的副词"只"自由，台湾国语的"就"就没有相当于"只"的用法。事实上，现代汉语里表示限定的"就"基本都可以说成"就只"：

  我身上就三块钱。＝我身上就只三块钱。

  放假就待在家里，没去别的地方。＝放假就只待在家里，没去别的地方。

这表明"就"表示限定范围的用法很可能是频繁跟"只"字连用后受"只"的粘连而获得的。那么问题就变成，"就"怎么会频繁跟"只"字连用的？我想要说明的是，这一变化的起因就是"就"的言域用法。假设的演变过程如下：

  a. 三块钱吃个饱。

  b. 只要（说）"三块钱吃个饱"就（能说）"只三块钱吃个饱"。

  c. 就只三块钱吃个饱。

  d. 我身上就只三块钱。

  e. 我身上就三块钱。

根据格赖斯的"合作原则"中的"适量准则"，说出"三块钱吃个饱"的时候产生一个会话隐含义"只三块钱吃个饱"。请注意，这个隐含义叫"会话"隐含义（conversational implicature），是互相说话的时候才产生的。这个隐含义的特点是无需特殊的语境就可以推导出来，是一种已经"规约化"（conventionalized）的隐含义，它的推导十分的容易，谁都能推导出来。也就是说，得出这个推导义需要满足的条件极低，只要满足"说'三块钱吃个饱'"这一条件就能说"只三块钱吃个饱",这就是b。b句里的"就"也表示"靠近"和"达及",靠近和达及的不是一种事态而是一种言态,所以这个"就"是"就$_言$"。这个"就"跟后面的"只"相接,到了c句就跟"只"字粘连在一起了,但是"就只"还没有变成一个单位,c句还可以分析为"就+只三块钱吃个饱"。到了d句"就只"已经变成一个不能拆分的单位。最后是e句,限定范围的功能只由"就"一个字来承担,"就"开始独立有了"只"义。

这样的演变过程并不独特,不是只发生在"就"字身上,比如还发生在程度副词"好"的身上。为了解释"好不热闹"的意思等于"好热闹",双音副词"好不"等于单音副词"好"也表示程度高,我曾经有文章论证"好不"一词的形成过程是这样的:

a. 好$_行$＋热闹

b. 好$_言$＋"不蛮横"

c. 好不＋蛮横（＝好蛮横）

d. 好不＋热闹（与"好热闹"并存）

a"好热闹"里的"好"是这个副词的一般用法,在"行域"表示程度高,b里的"好"进入了"言域",可以设想这样的使用场合:

甲：你怎么这么蛮横！

乙：我可一点不蛮横。

甲：你好"不蛮横"呀！

这里的"好"是个引述性副词,是甲在引述乙的"不蛮横"说法的同时还表达甲的一种反讽态度,要重读。注意,它仍然表示程度高，但是修饰的对象是一个言语状态而不是一般事态。这个"好_言_"应该是首先用在"讲理"和"不蛮横"这类正面词语上，因为"好"加引述的话是反话，引述的内容通常是表示行为的规范和人们希冀的状态，比如，我们用"你好聪敏呀"来反说"你真笨"，用"你好讲理呀"来反说"你真不讲理"，但是一般不会用"你真笨呀"来反说"你真聪明"，不会用"你好蛮横呀"来反说"你真讲理"。"好不"合成为一个词还有一个因素，那就是"不+蛮横"的联系不像"不+讲理"那么紧密，那是因为我们说话的时候还要遵循"好的要直接说到位，坏的要说得间接委婉"这样一条原则。如果这个人很讲理，就直接说他"很讲理"，不要说他"不蛮横"；如果这个人很蛮横，就不要直接说他"很蛮横"，说"不讲理"。有人把这条说话的原则叫"礼貌原则"，有人把这条原则叫"波利阿纳原则"——"波利阿纳"是E.波特一部小说中的角色，以乐观著称，总是往好里想往好里说，所以也叫"乐观原则"。这个不去管它，总之正因为"不+蛮横"说得少，内部的联系不紧密，所以b的说法在变得频繁后"好"和"不"就逐渐结合在一起形成一个不能拆分的"好不"，就是c，这个"好不"不再属于"言域"，而是又回到了"行域"。然后"好不"的修饰对象扩散到其他的词上，如"热闹"等，就是d，于是造成"好不热闹"和"好热闹"的并存。我们假设的这一演变过程能得到历史材料的证明，袁宾先生和江蓝生先生都有相关的证明。

总之，"就"字引申出"只"义，起因是"就"和"只"

字频繁连用,"只"字的语义转移到"就"字上而"只"字消除。"好不"一词的形成,起因也是"好"和"不"字频繁连用,"不"字的语义因为变得多余而消除。我着重指出,频繁连用又都是通过"就"和"好"进入言域而引发的。

还想说一个"不过"。"不过"既是程度副词又是转折连词,例如:

我不过说说而已。(程度副词)

他没有考上,不过他不灰心。(转折连词)

连词"不过"除了表示转折还有补充、修正上文的意思。问题是,表示"仅仅、只是"的程度副词"不过"是怎么引申出转折的意义和用法来的?转折连词"不过"出现的时间很晚,见到的最早用例出自《老残游记》、《官场现形记》和《儿女英雄传》。这一词义引申的起因应该也是副词"不过"的元语用法。副词"不过"不仅限制事物或行为的数量或范围,还能用来限制言语的数量或范围,例如:

这回请讼师不过面子帐,用不着他替你着力。不过总得上回把堂,好遮遮人家的耳目。(《官场现形记》)

这段话里有两个"不过",前一个"不过"是副词表示"只是",后接名词"面子帐",限制的对象是事物,后一个"不过"可以看成副词"不过"的言域用法,后接句子"总得上回把堂,好遮遮人家的耳目",限制的对象是补充的话语。上面那段话的意思是:我告诉你,这回请讼师不过面子帐,用不着他替你着力,我要补充说的话只有一句,"总得上回把堂,好遮遮人家的耳目"。说话人为什么在说了p之后补充并且只补充q这一句话呢？那还不是因为他考虑到对方很可能相信"非q"，这样"只是"就生出转折的意思来。"不过"的功能由限制事物的范围变为限制话语的范围，也就由副词变成了连词，这种演变符合虚词进一步虚化的一般倾向，类似的演变也出现在英语的only上，例如：

> He is *only* a child.（他还不过是个孩子。）

> → I should like to go, *only that* I'm not feeling well.（我想去，不过我不太舒服。）

结语——研究说话的逻辑

语言学研究什么？当然是研究语言。"语言"既指"说的话"，又指"说话"本身。研究语言既要研究说的话，又要研究说话。说还是不说？现在说还是以后说？这样说还是那样说？直接说还是间接说？说还是不说毕竟不一样，说了才有语力，不说就没有语力，不同的说法有不同的语力。研究说话的意义并不亚于研究说的话，研究说的话离不开研究说话本身，研究说话离不开研究不同的说法。

汉语"他不会说话"这句话有两种意思，"这个婴儿还不会说话"是一个意思，英语是He cannot *speak* yet，"这位老兄真不会说话"是又一种意思，英语是He cannot *express* himself。对中国人来说，不具有前一种能力是"不会说话"，不具有后一种能力也是"不会说话"，这两种能力好像不能截然分开。中国人好像还特别重视说和不说的区别，追究起"你到底说没说过"来甚至达到狂热的程度。可是,对说不说的问题做出深入的阐述并对语言研究发生重大影响的却是奥斯汀和格赖斯。这话有点扯远了,就此打住。

上面我从"寒暄"说到"再见了"的"了",再说到其他一些虚词表达语气的用法,目的是要澄清和强调语词的"言域"用法,说明语言表达不同于逻辑而又不悖于逻辑,并且为描写虚词的用法和意义的引申提供一个新的思路。诸位,日语和汉语有一个共同点,就是表达语气的成分很丰富,在我看来凡是带有语气的成分都跟语词的言域用法有关系,日本和中国的同行可以在这个方面把词义和词义演变的研究再往前推进一步。最后我想套用莎翁《哈姆雷特》的一句名言说:"说,还是不说?问题就在这里。"还要加说一句:"这么说,还是那么说?问题就在这里。"

谢谢诸位。

参考书目

关于奥斯汀的"言有所为"理论,请参看Austin, J. L.(1962)*How to do things with words.* Oxford: Clarendon Press。关于格赖斯的会话"合作原则",请参看Grice, H. P.(1975)Logic and conversation. In P. Cole & J. Morgan (eds.). *Syntax and Semantics 3: Speech Acts.* New York: Academic Press:41-58页。关于词义和词义演变的"三域"理论,请参看Sweetser, Eve(1990)*From Etymology to Pragmatics: Metaphorical and Cultural Aspects of Semantic Structure.* Cambridge: Cambridge University Press。关于"寒暄"等词从言语到言语行为的演变,请参看李明(2004)从言语到言语行

为,载《中国语文》第5期401-411页。关于"了"的"言域"用法,请参看肖治野、沈家煊(2009)"了₂"的行、知、言三域,载《中国语文》第6期518-527页。关于其他虚词的"言域"用法,请参看沈家煊(2001)跟副词"还"有关的两个句式,载《中国语文》第6期483-493页;沈家煊(2003)复句三域"行、知、言",载《中国语文》第3期195-204页;沈家煊(2004)说"不过",载《清华大学学报》(哲学社会科学版)第5期30-36,62页;沈家煊(2009)副词和连词的元语用法,载《对外汉语研究》第5期113-125页;沈家煊(2010)世说新语三则评说——被自杀·细小工作·有好酒,载《当代修辞学》第4期93-95页。关于"就"和"只"的连用,请参看许娟(2003)副词"就"的语法化历程及其语义研究,上海师范大学硕士学位论文。关于"好不"一词的形成及其历史证据,请参看沈家煊(1999)《不对称和标记论》(江西教育出版社)7.2节,袁宾(1984)近代汉语"好不"考,载《中国语文》第3期207-215页;江蓝生(2010)"好容易"与"好不容易",载《历史语言学研究》第三辑13-25页。

第五讲 "语法隐喻"和"隐喻语法"*

我首先要感谢喻教授请我来做演讲,在座诸位大多是从事计算语言学研究的,我在这方面是个门外汉,只希望我今天讲的对诸位会有一点点的启发。"语法隐喻"和"隐喻语法",这个题目好像在玩文字游戏,那就要先说说现在对"隐喻"的新看法。

沉舟侧畔千帆过。

这个诗句里有两个隐喻,说得确切点,是一个隐喻和一个转喻:

隐喻:用"沉舟"和"千帆"描述"旧事物"和"新事物"

转喻:用"帆"指称"船"

当我不拿"隐喻"和"转喻"对着讲的时候,"隐喻"是个泛称,意思包含转喻。隐喻和转喻的相同点是,二者都是概念形成的手段,都可以是下意识的。它们的相异点主要是,

---

* 本内容曾于2004年11月12日在北京大学计算语言学研究所做过演讲。

隐喻是两个相似概念之间的"投射"——沉舟和千帆的关系相似于旧事物和新事物的关系，转喻是两个相关概念之间的"过渡"——帆和船的关系具有部分和整体的相关性。还有，隐喻主要是一种理解的手段，转喻主要是一种指代的手段。隐喻的源概念要具体——沉舟和千帆比旧事物和新事物形象具体，转喻的源概念要显著——帆是帆船最显著的部分，海面上远远望去看到的是一片片的帆。

按照莱考夫和约翰逊的观点，人的语言能力依附于一般的认知能力，语言能力跟一般认知能力没有本质上的差别，语言能力的发展跟一般认知能力的发展有极为密切的联系。隐喻和转喻，通常认为是一种语言现象，而且是一种特殊的语言现象，叫修辞手段，但是莱考夫和约翰逊却说，它们不仅仅是语言现象和修辞手段，而是人的一般的认知方式和行为方式，我们的概念和概念结构在很大程度上具有隐喻的性质。举例来说，汉语跟英语一样存在"辩论就是战争"（ARGUMENT IS WAR）这样一个隐喻，有下面的词语为证：

论战　争论　辩护　论敌　抨击　打笔仗　理论战线　唇枪舌剑
舌战群儒　入室操戈　大张挞伐　人身攻击　批评的武器

这些词语表明，我们不仅用战争来谈论辩论，我们在实际辩论中就是有胜有败，有攻有守，把辩论的对方视为敌手，我们在辩论中的所作所为在很大程度上是受战争这个概念支配的。要是有那么一种文化，辩论不是战争而是跳交谊舞，辩论不是为了击败对方而是为了达到一种和谐，那么那种文化里的辩论一定跟我们这个文化中的辩论大不相同。因此，通常认为是一种

第五讲 "语法隐喻"和"隐喻语法"

特殊语言现象的隐喻其实不仅仅是语言行为,而是一般行为,受一般认知能力的支配。这就是关于隐喻的新看法,首先由莱考夫和约翰逊在《生活离不开隐喻》一书里提出,我读这本书的时候正在哥德堡大学访问,当时从图书馆借它还要排队登记,有的老外见我手里拿着这本书就向我竖起大拇指,显然是在夸奖这本书写得好。

转喻也一样。退休很久的人回到原单位看看,说"看到的尽是新面孔",用"新面孔"来转指"不熟悉的新人",这不仅仅是个语言现象,因为我们平时都是靠观察脸相而不是靠观察别的身体部位来识别人的。我生了个大胖儿子,你跟我要张照片看看,我给你一张他的大头照,你看了很满意,要是我给你一张他的脚丫子的照片,你不但不满意还一定会感到十分奇怪。

我想再举个例子。我们通常用一个"容器隐喻"和一个"传递隐喻"来进行语言交流,传递信息和情感,词语是装载信息或情感的容器,交谈过程是物件的传递过程,这两个隐喻有机地结合在一起,有来自语言自身的证据:

这篇文章包含许多新观点;这句话的含义很深;字里行间充满了感情;我托他转给你这个消息;美国政府向中国领导人传递了一个信息;满纸荒唐言,谁解其中味;不要断章取义;提取这一段的中心思想。

表达语言交流的句式和表达物件传递的句式也是一样的,在汉语里都是"双宾语句式":

他送给我一件毛衣

他告诉我一个消息

他请教我一个问题

有人问,语言学是科学,用隐喻来讲语言的结构是不是有点离谱?其实科学也离不开隐喻,物理学家建立的原子构造模型,电子按轨道围绕原子核转,就是借助"原子是(微型)太阳系"这个隐喻,原子核好比太阳,电子好比按轨道运行的行星。我们的语言理论也离不开隐喻,比如对于复合词的构造有两个隐喻,一个是"构件"隐喻,整体是由部件组配而成的,复合词的意义等于构成词素的意义的叠加,还有一个是"脚手架"隐喻,构成词素只是脚手架,楼房一建成脚手架就可以撤去,复合词的整体意义要大于组成词素的意义的简单叠加。范畴的"家族相似"观也是一种隐喻,一词多义就是一种家族相似,多个没有共同特点的义项构成一个范畴,从一个义项到另一个义项的引申是通过转喻。例如:

健康的身体　健康的皮肤　健康的运动

"健康"一词的核心义项是修饰身体,身体健康的结果是健康的皮肤,而成因是健康的运动。结构主义的"分布"、"直接成分"等概念也是借助空间关系的隐喻,动词的"配价"理论明显是从化学的分子结构投射过来的。真不可想象,离开了这些隐喻性概念,我们还怎么来谈论语言的结构。

不过,话又说回来,还确实有一些科学家一直反对使用隐喻性的术语,比如有一些计算机科学家就反对使用"窗口"、"桌面"、"病毒"这些名称,他们说这样的名称掩盖了事实的真相，误导大众。但是，这只是表明隐喻可以分为"解释性隐喻"和"构成性隐喻"两种。所谓"解释性隐喻"是指隐喻只是抽象概念形成的一种手段，它帮助我们解释抽象概念。所谓"构成性隐喻"是指隐喻本身构成抽象概念，离开这样的隐喻，这个抽象概念就不存在。对计算机专家来说，这些隐喻只是解释性隐喻，但是对一般用户来说，它们不仅是解释性的，也是构成性的，因为一般人离开这些隐喻根本没有办法来理解计算机是怎么运作的。

许多语言学家不知不觉地受"谈话是传递"这个隐喻的支配，又进一步把语言交流过程看成"编码—传递—解码"的过程，但实际上很难说语言交流真的是一个这种性质的过程，斯帕伯和威尔森的《相关论》就认为语言交流的本质不是这样的。对乔姆斯基来说，"人脑就是电脑"似乎成了构成性隐喻，电脑由不同的模块组成，人脑也由不同的模块组成，语言是一个独立的模块，语言模块又由句法、语义、语音三个模块组成，但是人的认知结构是不是真是这样，至少是值得怀疑的。

既然隐喻是一般的认知和思维方式，那么它也一定会在语法上表现出来，在语法上表现出来的隐喻就是"语法隐喻"。诸位的英语水平都很好，我就举两个英语的例子，先看情态动词may：

    May I ask a question?

    He *may* be a spy.

前一个may表示"允许"，后一个may表示"或许"，从"允

许"到"或许"就是一个概念隐喻,因为这两个概念具有相似性,都具有"克服阻力"这个结构框架:

> 允许:对方的某种行动的阻力被克服
>
> 或许:言者做出某种结论的阻力被克服

克服行动的阻力比较具体,克服做结论的阻力比较抽象,所以用允许来隐喻或许。

再看英语连词since,由表示时间到表示原因就是一个概念转喻:

> a. I have read a lot *since* we last met.　　　（时间）
>
> b. *Since* Susan left him, John has been very miserable.
>
> 　　　　　　　　　　　　　　　　　　（时间/原因）
>
> c. *Since* you are not coming with me, I'll have to go alone.
>
> 　　　　　　　　　　　　　　　　　　（原因）

在b这个上下文里,since有了"先发生的事是后发生的事的原因"的含义,因此可以用时间上先发生的事来转指那个相关的后发生的事的原因。

这就是"语法隐喻"。但是我们不仅说隐喻是一般的认知和思维方式,在语法上有表现,还要进一步说,我们头脑中的概念和概念结构本质上具有隐喻的性质,因此语法和语法系统在很大程度上也具有隐喻的性质,这就是所谓的"隐喻语法"了。

下面我要向诸位比较详细地介绍一下,我们在"隐喻语法"的研究上已经取得哪些进展。

事物域、动作域、性状域之间的投射

前面说过,隐喻就是从比较具体的概念域"投射"到比较抽象的概念域,两个概念域之间具有相似性。我要讲的第一个问题是"有界"和"无界"这对概念从具体到抽象的投射。这一对概念是人类认知活动中建立的最基本的概念之一,人最初从自己的身体体验到什么是有界事物,呼吸、进食、排泄等功能表明身体是一个容器,有界内界外之别。无界事物的内部是同质的,有界事物的内部是异质的,例如水是无界事物,不管怎么分割,分出来的任何一部分都仍然是水,相反一张桌子是有界事物,由不同的部分组成,把桌子分割的结果不再是一张桌子。这些认识都是人的自身经验的一部分,人又按"有界"、"无界"的对立来认识外部世界和改造外部世界。要指出的是,人的认识跟客观世界不见得完全一致,例如,地面上的坑实际上不是四面都有边界,但是我们仍然说"一个坑"和"在坑里",把坑"视为"有界的。墙角尽管没有明确的界线,界线是模糊的,但是我们仍然说"一个墙角"和"在那个墙角里",把墙角"视为"有界的。既然人的语言能力是人的一般认知能力的一部分,认知上"有界"和"无界"的对立也会在语言结构中有所反映,特别是在名词、动词和形容词三大实词类上都有相似的体现。

事物在空间上有"有界"和"无界"的对立,动作在时间上有"有界"和"无界"的对立,性状在程度或量上有"有界"和"无界"的对立。先看事物"有界"和"无界"的对立在语法中的反映，英语的apple代表有界事物，是可数名词，前面可以有不定冠词（an apple）和数词（one apple, every apple），可以有复数形式（apples），而water代表无界事物，是不可数名词，一般不能加不定冠词（*a water）和数词（*one water, *every water），也没有复数形式（*waters）。汉语虽然没有"数"的区分，但是有量词的类别。"苹果"跟"书、笔、马"一样有专用的个体量词，"一只苹果、一本书、一支笔、一匹马"，而"水"跟"面粉、氧气、油"一样没有专用的个体量词，只能使用临时量词、不定量词、度量词，"一桶水、一斤油、一些氧气"。从另一个角度看，凡是有数量修饰语的名词组都是有界名词组，指称的对象是个体，例如"两条鱼、四桶水、好些人"，而"（抽）烟、（乘）车、（喝）水"里的这些光杆名词不指称个体事物，因此是无界的。再看动作"有界"和"无界"的对立在语法中的反映，英语eat代表有界动作，是非持续动词，有进行时John is eating，而resemble代表无界动作，是持续动词，没有进行时*John is resembling his father。汉语动词有类似的区分，非持续动词可以加"着"，有重叠形式"吃着、吃吃、跳着、跳跳"，持续动词一般不能加"着"，也没有重叠形式"*爱着、*爱爱、*姓着、*姓姓"。从另一个角度看，有界动作在时间轴上有一个起始点和一个终止点，例如"（把鱼）盛碗里"代表的动作，开始盛是动作的起点，鱼到碗里是动作的终点。相反，"盛（鱼）"代表的动作没有一个内在的终止点，因此是无界的。最后看性状"有界"和"无界"的对立在语法中的反映，在汉语里这个反映最为明显，形容词有摹状词和属性词的对立。属性词代表的性状在程度上是无界的，例如"白"是属性词，是对各种程度的白的概括，代表一个不定的量幅，而摹状词代表的性状在程度上是有界的，例如"雪白"只是白这个量幅上的某一段或某一点。

事物最具体，动作比较抽象，性状最抽象，"有界"和"无界"的对立从具体到抽象，是一种隐喻性的投射。这对贯通三个概念域的概念可以用来解释许多语法现象，例如：

*盛碗里鱼	盛碗里两条鱼
*飞进来苍蝇	飞进来一只苍蝇
*捂了孩子痱子	捂了孩子一身痱子
*雪白衣服	雪白一件衣服
*干干净净衣服	干干净净一件衣服
*白一件衣服	白衣服
*干净一件衣服	干净衣服

左列各式不成立都是由于"有界"成分和"无界"成分的不匹配造成的，例如有界动作"盛碗里"和无界事物"鱼"不匹配，有界性状"雪白"跟无界事物"衣服"不匹配，无界性状"白"和有界事物"一件衣服"不匹配；而右列都是互相匹配的情形。这是"隐喻语法"能够打破不同词类范畴的界限，对不同词类的并行现象加以概括的一个实例。

行域、知域、言域之间的投射

语法中最能说明"行、知、言"这三个域的是情态动词，

以"能"字为例:

    1)小王能说法语。   [行域]

    2)我能骗你吗?   [知域]

    3)小王,能把笔记借我一阅!   [言域]

1)是说小王有说法语的能力,能力跟行为直接相关,这个"能$_1$"属于行域。2)不是问我有没有能力骗你,而是问你认为我有没有可能骗你,是根据知识对行为的可能性做出推断,这个"能$_2$"属于知域。3)既不是问你有没有能力出借笔记,也不是对你借笔记给我的可能性的推断,而是请求你把笔记借给我,这里"能"字可以换成"请"字。这个"能$_3$"的功用是表示这句话是个请求的"言语行为",属于言域。言语本身是一种行为,说出一个祈使句就是以"言"行命令或请求之事,言域的"言"就是指这个意义上的言语行为。

    除了情态动词,一些动词的用法也有这三个域的区分,例如"保证":

    1)他向我保证三周内完成任务。   [行域]

    2)我保证他已经完成任务。   [知域]

    3)(你必须三周内完成任务!)好,我保证。[言域]

1)里的"保证$_1$"是"担保做到"的意思,担保是一个行为,属于行域;2)里的"保证$_2$"是"肯定"的意思,说话人根据知识担保"他已经完成任务"这句话是真的,属于知域;3)里的"我保证"一经说出口,说话人就同时做出了担保这一言语行为,这个"保证$_3$"就属于言域。

    语词的行域义是基本的,知域义和言域义都是从这个基本义引申出来的,引申的途径就是隐喻。这三个概念域之间的投射可以用来解释许多过去难以解释的语法和语义现象,特别是解释复句的语义关系,例如:

  1) 如果明天下雨,比赛就取消。 [行域]

  2) 如果比赛取消了,昨天就下雨来着。 [知域]

  3) 如果比赛真的取消,太阳就从西边出来了。[言域]

"如果"一词引出的充分条件在三个域中的性质可以这样来表述:

  行域:p的发生是q发生的充分条件。(如果p,那么q)

  知域:知道p是我得出结论q的充分条件。(如果知道p,那么我推断q)

  言域:状态p是我声称q的充分条件。(如果p,那么我声称q)

跟3)类似的例子还有"如果我做不到,我就不姓沈","如果你是老虎,我就是武松"等,过去很难说清楚前后小句的语义关系,现在知道这是"如果……就"在言域里的用法,"我做不到"是"我说'我不姓沈'"的充分条件,"你是老虎"是"我说我是武松"的充分条件,也就是你的那种做法或说法是我的这种说法的充分条件。有一些转折复句必须在言域内才可以理解,看下面三句:

  他虽然日夜操劳,但是影响了嗓子。

  虽然他是中国人,但是他的头发是黑的。

  虽然刮风了,但是下雨了。

有人认为这三句都是关联词语"虽然……但是"用错了，前两句在内容上只能构成因果关系，应该用"因为……所以"，后一句在内容上也没有转折关系。但是这种认识是只在行域内考虑问题，从言域来看这三个句子都不成问题，头一句实际是"虽说他日夜操劳，但是我说他影响了嗓子"，不同的说法有不同的"语力"，说"他日夜操劳"的语力是"表扬他"，说"他影响了嗓子"的语力是"批评他"，所以这一句是在两种不同的说法和语力之间形成转折关系。第二句可以设想某导演要找一个不是黑头发的中国人当演员，"虽说他是中国人（雇佣他！），但是我说他头发是黑的（别雇佣他！）"；最后一句可设想要等一个刮风而不下雨的天气拍电影，"虽说刮风了（拍吧！），但是我说下雨了（别拍！）"。

有一些转折复句必须在知域内才可以理解，比较下面两句：

　　　　虽然他父亲是研究科学的，他却读了文科。
　　　　*虽然他读了文科，他父亲却是研究科学的。

有人认为只有头一句是合格的转折句，下一句是病句，因为子承父业很正常，父承子业不合情理。其实说它是病句那是只在行域内考虑问题，如果进入知域它是成立的：

　　　　虽然他读了文科，他父亲（我）却（推断）是研究科学的。

这是"隐喻语法"能够用成系列的几个概念对一些相似的语法现象之间的区别和联系做出统一解释的一个实例。

在域和给域之间的投射

"在"这个概念和"给"这个概念之间也有相似性,也能发生投射?是的。汉语的在字句和给字句有一些平行的句式,下面八个句子左列是在字句,右列是给字句,左右平行:

a. 我在院子里种了几棵花儿。　我给张老师写了一封信。
b. 在院子里我种了几棵花儿。　给张老师我写了一封信。
c. 我种了几棵花儿在院子里。　我写了一封信给张老师。
d. 我种在院子里几棵花儿。　　我写给张老师一封信。

过去的做法是着重研究竖向的联系,a、b、c、d这四个句式之间有什么样的联系,一个句式是怎么转换成另一个句式的,主要是通过给动词分小类来说明为什么有的动词能转换句式,有的动词不能转换句式。但是这种做法完全忽视了横向的联系,也就是左列和右列之间的联系。左列和右列的联系是并行关系,投射关系,是无法用"动词分类+句式转换"的办法来说明的。我们的做法是,先刻画每个句式的整体意义:

a. 在某处所做某动作　　　　对某受惠目标做某转移动作
b. 在某处所发生某事件　　　对某受惠目标发生某转移事件
c. 某物在动作作用下到达某处,　惠予物通过转移到达某终点,
　 动作和到达分离　　　　　转移和到达分离
d. 某物在动作作用下到达某处,　惠予物通过转移到达某终点,
　 动作和到达合一　　　　　转移和到达合一

要知道这些句式整体意义的形成跟心理上"完形"的形成原理相同,都受四条原则的支配,这四条原则不仅能说明竖向

abcd之间的异同，而且能对左右横向之间的并行性做出解释。

| 顺序原则 | 包容原则 | 相邻原则 | 数量原则 |

按照"顺序原则"，如果B在A之后，C在B之后，那么A、B、C是一个序列，而不是一个无序列。在空间域是一个序列，在时间域和其他的概念域也是一个序列，例如我画这个图的时候，顺序是先画A，其次B，最后C。按照"包容原则"，如果B包容在A之内，那么A就不可能包容在B之内。例如，如果首饰盒在衣箱内，那么衣箱就不可能在首饰盒内。按照"相邻原则"，相邻的两个成分倾向于组成一个单位，例如上面图里的平行线，我们看到的是四对平行线而不是八条平行线。具体的距离是这样，抽象的距离也是这样，小王和他妈妈之间的距离要比小王和他同事的距离近，小王和他妈妈因此是"一"家人。"数量原则"不需要多做解释，认识数量上的多和少是人的基本认知能力之一。三个苹果比一个苹果"多"，是因为我们拿起三个比拿起一个要付出较"多"的力气，吃下三个要比吃下一个付出较"多"的时间，甚至看到三个要比看到一个激活视网膜上更"多"的神经细胞，难怪英语一个苹果是apple，三个苹果就是apples。

现在我们来说明这些原则如何支配句式意义的形成，先说明顺序原则。"给x"位于动词前（a和b式）的时候表示预定的

第五讲 "语法隐喻"和"隐喻语法"

目标,位于动词后(c和d式)表示达到的终点,遵循的是顺序原则,目标总是在行动之前先行设定,理应位于动词之前,终点总是在动作之后才能到达,理应位于动词之后。请注意,对"在x"相对于动词的位置可以做类似的解释,作为动作或事件发生的处所"在x"理应位于动词前表示预先存在,表示到达某处的时候"在x"理应位于动词之后。

再说包容原则。说"我给张老师写了一封信"(a式)很自然,而说"给张老师我写了一封信"(b式)的时候"张老师"必须特别重读,这是什么原因呢?这两句的区别在于,a式"给张老师"只包容"写了一封信",而b式"给张老师"包容"我写了一封信"。"我写了一封信"代表一个事件,而"写了一封信"只代表一个动作,我们一般只说为一个预定目标做出一个动作,不说为一个预定目标发生一个事件,只有当这个预定目标跟别的目标形成对比要加以强调(重读)的时候我们才把"我写了一封信"这个事件解读为"我做了一个动作"。对应的左列在字句,"我在院子里种了几棵花儿"和"在院子里我种了几棵花儿"都很自然,那是因为这两个句式的整体意义分别是"在某处所做某动作"和"在某处所发生某事件",这都是说得通的。

再说相邻原则。在字句和给字句的平行关系还表现在,d式在动词后不能加"了",要加只能加在"在、给"之后:

c. 我种了几棵花儿在院子里。　我写了好几封信给张老师。
d. *我种了在院子里几棵花儿。　*我写了给张老师好几封信。
　　我种在了院子里几棵花儿。　我写给了张老师好几封信。

c式和d式的整体意义都是表示在动作的作用下事物达到某终点，差别在于c式中动作和达到是前后分离的，d式中动作和达到是合二为一的。这是相邻原则在起作用：动词和"在、给"分开就代表过程前后分离，连在一起就代表过程合二为一。这个道理可以从以下的对立中看得很清楚：

  c. 他写一封信给我，让我转交给你。

  d. *他写给我一封信，让我转交给你。

c式"写"和"给"分开，所以可以"转交"；d式"写"和"给"结合，所以不能"转交"。因为是统一的过程，"种在"和"写给"都已经形成一个复合动词，所以"了"只能加在"种在、写给"的后头。

  最后说数量原则。在字句d式和给字句d式还有下面的平行关系：

  我写在黑板上几个字。 我写给张老师几封信。

  我放[在]桌子上一盆花。 我卖[给]张老师一所房子。

上面一句"在、给"不能省，下面一句"在、给"能省，为什么？"卖"是典型的给予动词，含有给予义，后面跟个"给"字实际上是多余的，所以"给"字可以不出现。"写"不是典型的给予动词，不含有给予义，所以必须有"给"字出现。对在字句可以做类似说明，动词"放"含有附着义，动词"写"不含有附着义。这是数量原则在起作用：有多少意思就用多少形式。

  上述四条原则互相协调在"在域"和"给域"同时起作用，或者说从在域投射到了抽象一点的给域，左右列在字句和给字句之间的并行现象因此而得到合理的解释和概括。

句法域、语义域、语用域之间的投射

汉语中有一类词语本身不具有周遍意义,但构成一定的句式后具有周遍意义。这些词语包括"一……不"、"一……一"、"再……也"、"最……也"、"连……也/都"等,例如:

> 他一字不识。(所有的字都不认识)
> 有一件交代一件。(所有的事都交代)
> 再大的困难他也能克服。(一切困难他都能克服)
> 最便宜的我也买不起。(样样我都买不起)
> 连他的敌人也佩服他。(人人都佩服他)
> 连乔姆斯基自己也不懂转换语法。(谁都不懂转换语法)

这些句子如果把肯定句变为否定句,或者把否定句变为肯定句——我把它叫做"正负颠倒",结果会出现三种"异常"的情形:

1) 不合句法(用*标示)

> 他一字不识。　　　　　*他一字识。
> 他一声不吭。　　　　　*他一声吭。
> 有一件交代一件。　　　*有一件不交代一件。
> 一天有一天的事情。　　*一天没有一天的事情。

2) 不合(原来的)语义(用#标示)

最便宜的我也买不起。　　#最便宜的我也买得起。
再大的困难他也能克服。　#再大的困难他也不能克服。
再好的衣服穿在她身　　　#再好的衣服穿在她身
　上也不好看。　　　　　　上也好看。

3）不合语用法（用？标示）

连他的敌人也佩服他。　　?连他的敌人也不佩服他。
连看电影也不感兴趣。　　?连看电影也感兴趣。
就算你请我坐汽车去，　　?就算你请我坐汽车去，
　我也不去。　　　　　　　我也去。

这三种异常变化可以用一个"量级模型"做出统一的解释。现以重量为例，将"量级模型"图示如下：

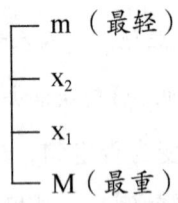

根据这个"量级模型"可以做出这样的推导：

在x_1比x_2重的情形下，如果某人能举起x_1，那么他也能举起x_2。

还可以进一步推导出上面那些词语的周遍意义，因为那些词语都处在这个量级上的m或M极，这就是，对一个极大量M的肯定意味着对全量的肯定，而对一个极小量的否定意味着对全量的否定。具体说，张三能举起最重的东西就意味着张三能举起一

切重物,张三举不起最轻的东西意味着张三举不起任何重物。注意,句子由肯定变为否定,或者由否定变为肯定,量级的方向也要相应地颠倒过来,极大量M和极小量m在量级上要交换位置,这样才能保持周遍意义;如果不把量级的方向颠倒过来,就得出不合句法、不合(原来的)语义、不合语用法这三种异常结果。

过去我们习惯于把句法、语义、语用看成三个独立的、依次进入的模块,句法处理完毕后进入语义解释的模块进行处理,最后进入语用解释的模块处理。这样的做法忽视了这三个模块之间的并行关系,缺乏概括性。其实还是把三个模块看成三个层面好,句法层面最抽象,语用层面最具体,语义层面介于二者之间,三个层面具有隐喻性的投射关系,有一个贯穿其中的量级模型能对三个层面上出现的平行现象做出统一的概括的说明。

意义域和形式域之间的投射

语法研究的主要目的是要说明意义和形式之间的联系,我想告诉诸位,这种联系在很大程度上也是一种投射关系。在英语里动词steal和rob在句法形式上有下面的差别:
Tom stole 50 dollars from Mary.　　*Tom stole Mary of 50 dollars.
*Tom robbed 50 dollars from Mary.　Tom robbed Mary of 50 dollars.
steal的直接宾语只能是被偷的东西,不能是遭遇偷的人,而rob的直接宾语只能是被抢的人,不能是被抢的东西。汉语动词

"偷"和"抢"好像没有类似的差别：

张三偷了李四50块钱。　　张三抢了李四50块钱。

*张三从李四偷了50块钱。　*张三从李四抢了50块钱。

被偷被抢的东西都可以是直接宾语，遭遇偷和抢的人都不能做介词"从"的宾语。但是汉语"偷"和"抢"还是有差异：

张三偷了钱。　　　*张三把李家偷了。

张三抢了钱。　　　张三把李家抢了。

如果人和物只能出现其中的一样，那么"偷"句只能出现被偷物，不能出现遭遇偷的人，而"抢"句没有这个限制。这是一个"四缺一"的格局，只有右上角要打星号。在有的英语的方言里，"Tom robbed 50 dollars from Mary"可以说，这样的话，这种方言也形成"四缺一"格局，只有右上角那一句不成立。这些英语和汉语的例子牵涉到两个问题：偷和抢的对象，是不是都适合做动词的直接宾语？这是一个语义角色跟动词的"远近"问题；在句子只带一个直接宾语的时候，偷和抢的对象是不是都可以出现？这是一个语义角色的"隐现"问题。

　　传统的做法是，在分析语义结构的时候分出施事（偷抢的人）、受事（遭偷抢的人）、夺事（被偷抢的物）三个语义角色，但是"偷"和"抢"都有这三个语义角色，因此无法回答上面那两个问题。其实对"偷"和"抢"来说，语义角色的突显情形是不一样的：

"偷" [**偷窃者** 遭偷者 **失窃物**]

"抢" [**抢劫者 遭抢者** 抢劫物]

黑体代表突显的语义角色。遇到偷窃事件，失窃物是注意的中心，是突显角色，一个人在公共汽车上被偷了钱包，人们首先问他丢了多少钱。而遇到抢劫事件，遭抢者是注意的中心，是突显角色，人们首先关心他的人身安全。前些时候，我的一个学生在学校附近遭劫，我听到这个消息后着急问的第一个问题是他有没有受到伤害，而不是被抢去多少钱。请比较下面两句：

你别偷我饭碗。

你别抢我饭碗。

偷句只有一个意思，就是别把我吃饭的碗偷走，抢句有两个意思，一个是别把我吃饭的碗抢走，一个是别夺走我的谋生手段，可见就"我"受的损害的程度而言，抢要比偷严重得多。我们习惯说"不偷不抢"，"又偷又抢"，"只偷不抢"，"偷抢事件"，不大说"又抢又偷"，"只抢不偷"，"抢偷事件"，因为两个近义词连说的一般规律是把语义分量重的放在后面，轻的放在前面，例如"关而不杀"，"又哭又闹"，"又批又斗"。

你可真胆大，竟敢偷警察！

上面讲只说"抢了李家"不说"偷了李家"，这里怎么说"偷警察"了呢？注意这句话是抓小偷的便衣警察在公共汽车上抓到小偷后说的，警察比一般人更是偷不得，警察遭遇偷比一般人遭遇偷要严重得多，因此在这个特定的语境里，遭偷者被突显出来。

回到上面那两个问题上来,汉语的用例表明,就角色的隐现而言,非突显角色可以隐去,没有句法表现形式,突显角色不一定可以隐去,要有句法表现形式。这个规律有认知上的原因,就是看得见的比看不见的显著。

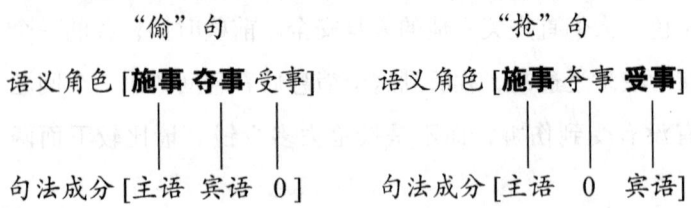

英语的用例表明,就角色跟动词的远近而言,突显角色可以充当近宾语,非突显角色不一定可以充当近宾语。这个规律也有认知上的原因,就是近的比远的显著。

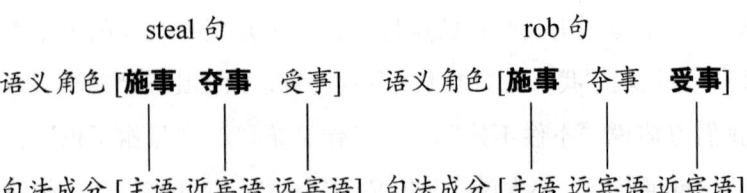

上面讲的两条认知理据——看得见的比看不见的显著,近的比远的显著——从概念或意义域投射到语言的形式域,在两个域之间建立起对应关系,也就是"象似"关系,这种投射就是隐喻。但是要注意,形式和意义之间并不总是这样一一对应的,而经常是上面列出的那种"四缺一"格局,只有右上角的一句不成立,这是一种"扭曲的对应关系",形式A对应意义A,但是形式B既对应意义B也对应意义A。我们可以用一个单向蕴涵式来概括上面英语和汉语里偷句和抢句成立不成立的全部情形:

第五讲 "语法隐喻"和"隐喻语法"

突显角色 ⊃ 非突显角色

这个单向蕴涵式的含义是:一种语言的句子,如果非突显角色可以做近宾语,那么突显角色也可以做近宾语,反之则不然;一种语言的句子,如果突显角色可以隐去,那么非突显角色也可以隐去,反之则不然。语言的形式域和意义域之间的隐喻性投射经常是这种扭曲型投射。

上面讲的都是"隐喻语法",下面讲讲"转喻语法"。转喻是言语活动中两股势力妥协的自然结果:一是要表达精确,所指对象要尽量明确,使听者的注意力直接投向目标,一是要表达经济,只说重要的或显著的,不重要不显著的就不说。转喻能兼顾明确和经济两个方面,是一种最佳的言谈策略。

"的字结构"的转指

我们把"动词短语+的"的结构叫"的字结构",的字结构有时候可以用来转指它修饰的中心名词,有时候不行,例如:

开车的(人)　　到站的(火车)　　迟到的(人)
*开车的(技术)　*到站的(时间)　*迟到的(原因)

过去我们用"句法成分的提取"这样的规则来说明其中的规律,"人"是动词"开"的一个潜在句法成分,可以提取出来成为的字结构转指的对象,而"技术"不是动词"开"的潜在句法成分,所以不能成为转指的对象。这种解释遇到的困难是:

毒蛇咬的(伤口)

"伤口"并不是动词"咬"的一个潜在的句法成分,"毒蛇咬伤口"倒是可以说,但是并不是表达毒蛇咬出一个伤口的意思,为什么"毒蛇咬的"能够转指咬的结果"伤口"呢?

  这些事他最在行。 他最在行的(事)

  这些事他最精明。 *他最精明的(事)

这两句的"这些事"都是句子的大主语,为什么一个能成为转指的对象一个不能呢?

  他在技校学了很多技术,开车的、修车的等等。

有了一定的上下文,"技术"也能被"开车的"转指,这又是什么原因呢?

  头发稀少的(老人)

  儿子上大学的(家长)

这两句中"老人"跟动词"稀少"、"家长"跟动词"上(大学)"句法上没有直接的联系,有人解释说,尽管是这样,但是"老人"和"头发"有整体—部分的关系,"家长"和"儿子"有直接的亲属关系,"老人"可以算是跟名词"头发"相配的一个句法成分,"家长"可以算是跟名词"儿子"相配的一个句法成分,所以也都能成为转指的对象。但是还是有问题:

  两个人合住一间的(客房)

  九十块钱一桌的(酒席)

  百年难遇一次的(地震)

这里"客房、酒席、地震"等跟的字结构里的名词既没有整体—部分的关系也没有直接的亲属关系,但是还是能被转指。

第五讲 "语法隐喻"和"隐喻语法"

总之,如果只是从句法上去观察转指现象就不能解决这些问题。莱考夫提出一个"转喻的认知模型",大致是这样的:

1) 在某个语境中,为了某种目的,需要指称一个"目标"概念B。

2) 用概念A指代B,A和B须同在一个"认知框架"内。

3) 在这个"认知框架"内,A和B密切相关,由于A的激活,B(一般只有B)会被附带激活。

4) A要附带激活B,A在认知上的"显著度"必须高于B。

举个最明显的例子,"壶开了",用壶(概念A)转喻水(目标概念B),壶和水同在"容器和内容"这个认知框架内,两者密切相关,概念壶的激活会附带激活概念水。壶在认知上比水显著,壶是看得见的,水在里面看不见,水开时我们看到的不是水在沸腾,而是壶嘴直冒气、壶盖砰砰跳。可见的比不可见的显著,这是一般的认知规律。

认知框架是人根据经验建立的概念与概念之间的固定的关联模式,对人来说,它们是"自然的"经验类型。说其"自然",那是因为它们是人认识自身的产物,是人与外界交互作用的产物,一句话,是人类自然属性的产物。作为主观的心理构造物,它们跟客观实际不完全一致,总是要比客观实际简单。例如实际发生的事情是老张深夜在公路上驾车飞跑,但是人作为认知的主体把这一情景归入"施事—动作—受事"这样一个认知框架,也就是"人—开—车",施事"人"和受事"车"在认知框架内,而开车的时间"深夜"、地点"公路"、方式"飞快地"等一般不在这个框架内。这样的认知方式跟完形感知是一致的,例如:

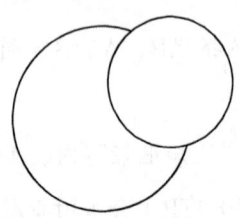

我们总是把这个图看成一个圆部分叠加在另一个圆上,尽管实际被叠加的可能是一个很复杂的形状。那是因为圆相对来说是一个"好"形状,是一个"完形"。同样,听到或看到"开车的",根据"施事—动作—受事"这个认知框架(完形)可以推知的缺略成分是施事"人",而不是时间、地点或方式。也就是说,"人开车"是一个完形,而"深夜开车"、"公路上开车"、"以飞快的方式开车"等等不是完形,"时间"、"原因"、"方式"、"目的"等所谓的"环境格"一般不处在这样的认知框架内,也就不能成为转指的对象。这就是"开车的(技术)、到站的(时间)、迟到的(原因)、切脉的(方法)"等转指中心语受限制的原因。上面提到的那些问题也能得到合理的解答,例如"伤口"作为结果虽然不是动词"咬"的句法成分,但是它在"施事—动作—结果"构成的认知框架内。又例如,说某人在行,总是跟在行的某个方面联系在一起,缺了它就不是一个完整的认知框架,而说某人精明,不一定跟某个方面相联系,所以"他最在行的"可以转指这些事,"他最精明的"不能转指这些事。"整体—部分","父母—子女"当然是认知框架,"一间—客房,一桌—酒席,一次—地震"等等也是"数量—事物"这个认知框架的实例,所以"两人合住一间的"也能转指"客房",等等。为什么有了上下文"开车的"也能转指"技术"呢?因为那个上下文是在谈论学到的技术,"技术"的显著度提高,被临时纳入到认知框架里来了。

总之,只有从概念上的转喻出发才能对的字结构的转指现象做出前面那些合理的解释。

"不过"的虚化和词化

"不过"用在数量词语前,例如"不过10米",它有两个意思,一个意思是"不超过",这个意思的"不过"是一个词组,"不"+动词"过",叫"不过$_1$";还有一个意思是"只是,仅仅",这个意思的"不过"是一个词,范围副词,叫"不过$_2$"。从"不过$_1$"到"不过$_2$"首先是一个"虚化"过程,"仅仅"比"不超过"的意义虚灵。"不超过"是个比较实在的空间概念,"仅仅"已经不仅仅是个空间概念。"不过$_1$"一般只限定名物性词语,"不过$_2$"还能限定表动作和状态的词语:

是故先王之制锤也,大不出钧,重不过$_1$石。(《国语·周语下》)

不过₁二年，君必无患。（《左传》）

信曰："陛下不过₂能将十万。"（《史记》）

公输子之意，不过₂欲杀臣。（《墨子》）

"桥长不超过10米"，这是对桥的长度的客观表述，"桥长仅仅10米"就不仅是对桥的长度的表述，还带有说话人的主观态度，觉得桥不够长或不算长。主观态度相对于客观事态是比较虚灵的东西。

从"不过₁"到"不过₂"也是一个词化的过程。"不过₂"是词，所以中间不能插入任何成分，"不过₁"是词组，所以中间可以插入成分，如插入副词"仅仅"和"一定"：

不仅仅过10米，还过了15米。

不一定过10米，也许只过了5米。

我们关心的问题是，"不过"怎么会从"不超过"的意思引申出"仅仅"的意思？这个意义的虚化怎么会使得"不过"从词组变为词？要回答这个问题还是离不开概念上的转喻，具体说，"不超过"这个概念被用来转喻一个相关的概念"仅仅"。这两个概念的联系是，"仅仅"在逻辑上衍推"不超过"。如果"仅仅10米"为真，那么"不超过10米"也为真；反之，"不超过10米"为真，"仅仅10米"不一定为真，可以是10米以内的其他长度。也就是说，"不超过10米"不一定达到10米，而"仅仅10米"一定达到10米，这可以从下面两句的对立中看出：

桥长不超过10米，还没到10米。

*桥长仅仅10米，还没到10米。

第二句前后语义矛盾,所以不成立。"不超过"用来转指"仅仅",这是一个推理过程,只是这种推理既不是归纳推理也不是演绎推理,而是所谓的"回溯推理"(abduction),一种基于事理(常识)和事实的三段推理:

事理:如果桥长仅有10米,那么桥长不超过10米。

事实:说话人说的是"桥长不过$_1$10米"(不超过10米)。

推论:他很可能要表达的是桥长仅有10米("不过$_2$10米")。

"不过"的虚化和词化过程具体说明如下:

1)形式A(不过$_1$)跟意义A(不超过)有固定的联系。

2)形式A开始转而跟一种新的意义,意义B(仅仅),临时发生联系;意义B是回溯推理的结果。

3)这样的推导反复进行的结果,是推导的过程缩减,最后无需推导就可以直接得出意义B。

4)直接得出的意义B变为形式A的固有意义后,就可能反过来对形式A产生反作用,使它变为形式B。意义B比意义A虚灵,形式B(词)比形式A(词组)短小。

5)意义B(仅仅)跟形式B(不过$_2$)有了固定的联系。

这个演变过程可以图示如下:

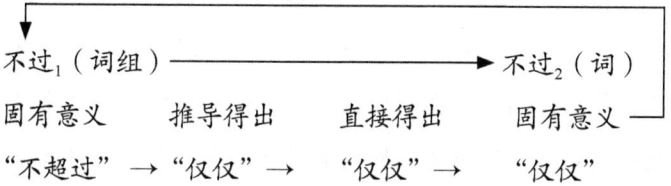

需要注意的是,形式的变化(词化)总是滞后于意义的变化(虚化),两种变化是不同步的。

解释和预测

现在我要结束我的演讲,我想着重说明的一点是,形式和意义之间的关系既不是完全任意的,也不是完全可以预测的,而是一种"有理据的约定俗成",我们对语法结构可以做到充分的解释,但是只能做到不完全的预测。

上面针对动词"偷"和"抢"的种种语法现象,我们用语义角色"突显"的区别做出了统一的解释,但是只能用"突显角色 ⊃ 非突显角色"这样的单向蕴涵式来做到部分的预测。假定语言中总是存在以下的对应关系:

突显角色	非突显角色
近宾语	远宾语
不可隐去	可以隐去

语义角色如果是突显的,在句法形式上总是充当近宾语,总是不可以隐去;语义角色如果是非突显的,在句法形式上总是充当远宾语,总是可以隐去。这种形式和意义一一对应的关系是一种完全的"象似"关系:一种意义对应于一种形式。如果存在的全是这种一一对应的关系,我们就可以达到完全预测的目标:有什么样的意义就有什么样的形式,有什么样的形式就有什么样的意义。反过来,如果形式和意义之间没有任何的对应

关系：

突显角色	非突显角色
近宾语	近宾语
不可隐去	不可隐去

突显角色可以充当近宾语，非突显角色也可以充当近宾语，突显角色不可以隐去，非突显角色也不可以隐去，那么我们根本无法做出任何预测。然而形式和意义之间既不全是前面那种完全对应的关系，也不全是后面这种毫无对应的关系，而往往是前面说明的那种扭曲对应的关系。造成这种扭曲关系的原因之一是语言演变的过程中形式和意义演变的"不同步"：形式的演变滞后于意义的演变，形式发生演变之后旧有的意义还会部分保留在新的形式里。语言的演变永不停顿，形式和意义之间的扭曲对应就是常态。既然形式和意义之间通常是部分的、不完全的对应，那么我们也就能而且只能对语法现象做出部分的、不完全的预测。

前面提到的字结构转指中心名词的语法现象，我们用一个"概念转喻模型"做出统一的解释，具有较强的概括性。但是我们仍然只能做到不完全的预测，具体说，在那个模型中，显著的概念才能用来转指不显著的概念，而语境能够改变概念的显著程度，例如：

  a. *开车的时间变了，到站的也变了。

  b. 到站的和开车的时间都变了。

  a. *开车的技术不难，修车的难。

  b. 开车的技术不比修车的难。

虽然都是比较对照，a句和b句的差别是，一个的字结构（如"开车的"和"到站的"）出现两次，在a句里分别出现在两个小句中，在b句里共处在同一小句中。两个成分处在一个单句中要比分处两个小句的距离近（指实际距离和心理距离），因此一个对另一个的影响力大，容易改变另一个的显著度。我们虽然不能绝对预测一定的语境是否一定能允许某一项转指，但是我们也可以用一个单向蕴涵式做出较弱的预测：如果句式a允许转指，那么句式b一定也允许转指，反之则不然。

语言研究不可能做到完全的预测，这是语言学这门科学的研究对象的性质所决定的，凡是复杂和开放的系统都无法做到完全的预测。语言是一个复杂系统、开放系统，是许许多多方面和因素互相作用和综合的结果，这样的系统不可能真正达到均衡的状态，它总是处在不断展开、不断转变之中。如果这个系统真的达到了均衡状态或稳定状态而不被打破，它就变成了一个死的系统。跟气象科学、进化科学、地质学和天文学一样，语言学虽然不能做到完全的预测，但是仍然不失为一门科学。

参考书目

关于隐喻和转喻的一般认知特性，请参看Lakoff, George, and Mark Johnson（1980）*Metaphors We Live By.* Chicago: Chicago University Press；Lakoff, George（1987）*Women, Fire, and Dangerous Things.* Chicago: Chicago University Press。关于事物域、动作域、性状域之间的投射，请参看沈家煊（1995）"有界"和"无界"，载《中国语文》第5期367-380页。关于

行域、知域、言域之间的投射，请参看沈家煊（2003）复句三域"行、知、言"，载《中国语文》第3期195-204页。关于在域和给域之间的投射，请参看沈家煊（1999）"在"字句和"给"字句，载《中国语文》第2期94-102页。关于句法域、语义域、语用域之间的投射，请参看沈家煊（1995）正负颠倒和语用等级，载《语法研究与探索》第七辑237-244页。关于意义域和形式域之间的投射，请参看沈家煊（2000）说"偷"和"抢"，载《语言教学与研究》第1期19-24页。关于的字结构的转指，请参看沈家煊（1999）转指和转喻，载《当代语言学》第1期3-15页。关于"不过"的虚化和词化，请参看沈家煊（2004）说"不过"，载《清华大学学报》（哲学社会科学版）第5期30-36，62页。关于解释和预测，请参看沈家煊（2004）语法研究的目标——预测还是解释？载《中国语文》第6期483-492页。

第六讲　为什么研究语言中的整合现象？*

科学思想的新动向

　　整体可以大于部分之和，这一事实现在对大多数人来说已经是显而易见的了，但是曾经让物理学家们感到非常窘困。物理学家们长期热衷于研究的现象都是整体等于所有部分的加合，大自然中许多事情也确实是这样的，例如声音，管弦乐的合奏，你可以把管乐声和弦乐声单独地分辨出来，音波虽然混合但是仍然保持各自的特点。但是大自然中又有许多事情不是这样的，我们的大脑肯定不是这样，虽然管乐声和弦乐声独立地进入我们的耳朵，但是这两种声音的"和声"对我们的情感所产生的影响却远远大于这两种乐器的单独作用，所以要有交响乐团，也正是这些事情才使得我们这个世界充满趣味。
　　科学家在花了三百年时间——从牛顿算起吧——把所有的

---

　　* 本内容曾于2007年10月24日在香港理工大学"杰出中国学人计划"公开讲座中演讲。

东西拆解成分子、原子、核子和夸克后,现在像是在把这个过程重新颠倒过来,开始研究这些分解成分是如何结集在一起形成一个复杂的整体的,而不再去继续分析、拆解、还原为尽可能简单的东西。这种情形正发生在生物学、进化科学、神经网络、生态平衡、人工智能、经济学等许多领域,甚至还发生在物理学,物理学家正在努力建立混沌的数学理论,来解释许多复杂现象,比如无数碎片形成的整体美感,液体内部像漩涡那种怪诞的运动。沃尔德罗普写的《复杂》一书对这种情形有全面通俗的描述。

最近第二次科技哲学前沿问题系列研讨会在中国社会科学院哲学研究所召开,会议的主题是"整体论:科学研究的新路径"。这种科技哲学的新观念叫"生成整体论",跟传统的"系统整体论"有根本的区别。系统整体论将整体看做相互关联的元素的集合,是以元素的存在为前提的,着眼于系统的空间结构。而生成整体论的前提是先有整体后有部分,它更关注时间的延续性和系统的动态性,整体不是由部分组成的,整体就是整体,从"生"之时起就是整体,"生"与"成"是连在一起的。总之,生成整体论强调的整体性有两个要点,一是整体功能不等于部分之和,可以大于或小于部分之和,二是仅仅通过分解来了解整体是不充分的,因为部分与部分之间有相互作用。

系统整体论的观念曾经使现代科学获得巨大的成功,但是在量子物理学的发展过程中却遇到很大的困难。量子现象具有生成特征,放射性物质发射的电子不是作为原子核的结构要素存在的，而是在过程当中产生和湮灭的。为量子物理学做出贡献的科学家已经明确意识到这种整体生成论特征，尽管大多数物理学家还没有意识到其中蕴涵的新观念，也没有像科学哲学家那样系统地研究这种科学思想的新动向。

整合现象无处不在

生物学中的整合现象

最近《新京报》的《新知·视野》版上有一篇"物种也能合二为一？"的文章，值得一读。在物种演化史上，人们通常知道的演化过程是"一分为二"，从一个单一物种演化为两个或两个以上的不同物种，就像人类和大猩猩有着共同的祖先那样。"合二为一"的杂交物种通常发生在植物身上，在动物身上发生的几率却很低。这其中最重要的一个特质就是物种的"生殖隔离能力"，每个物种具有自身的繁衍能力，而两个动物物种的杂交产物，比如骡子，是不具备这种能力的。但是现在越来越多的科学发现却在证实物种也可以"合二为一"，最近《自然》和《国家地理》杂志都发表文章介绍，通过越来越先进的DNA解码技术，一些科学家认为，大自然中杂交不仅普遍存在，它促使新物种产生的可能性要比原来预想的大得多，而且不少杂交动物都具有自我繁衍的能力，包括昆虫和鱼类。去年美国生物学家发现了一种杂交蝴蝶就具有这种能力，在德国发现的一种杂交鱼类能生活在父辈完全不适应的泥沟水里，跟父辈拉开了很大的进化距离。

数学中的整合现象

数学中"复数"(complex number)这个概念的诞生源自一个悖论:负数被证明没有平方根,但是在许多数学证明和数学公式中,负数的平方根却又是不可缺少的,例如在解三次方程的时候就必须计算负数的平方根。负数的平方根到19世纪一直被认为是虚幻的、不可能的,而现代数学的"复数"概念因为把数看做平面坐标中的点,解决了这个悖论。在平面坐标中每个"数点"是从两个方面来定义的,一个是它离开原点的距离r的长短,一个是水平轴和r之间的夹角θ的大小,如下图所示:

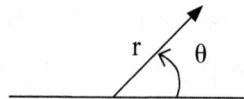

按照这一概念,数的乘法是r的相乘和θ的相加,例如2乘以3,乘积的r是2×3等于6,乘积的θ是30°+60°等于90°,如下图所示:

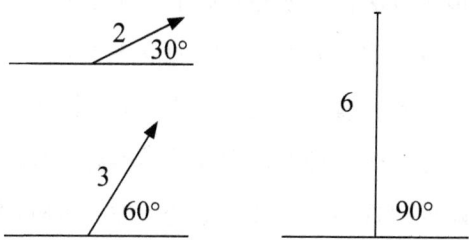

总之,"复数"这个概念是两个概念域整合的结果,一个是平面坐标域,一个是实数域。在平面坐标域中,数有角度但是没有乘法,因为点无法相乘;而在实数域中,数有乘法但是没有

角度可乘。这两个域整合之后产生一个复数域，实数有了角度，数与数相乘包含角度的相加，一个数的平方根就等于r的平方根和θ的半数，这样负数也就有了平方根，上面说的那个悖论就得到了解决，在实数域内成立的定理——负数没有平方根——在整合而成的复数域内不成立。

今天复数已经通用于数学和其他科学（例如量子力学和电路学）的广泛领域之中，成为科学技术不可缺少的概念，它为证明机翼上升力的基本定理起到了重要作用，在巨大水电站的建设中为解决堤坝渗水问题提供了重要的理论依据。还要知道，在数学中整合是一种常规现象而不是特例，许多数学概念的发展，从整数到有理数再到无理数，都是概念整合的结果，甚至零和无穷大这两个重要概念也是概念整合的结果。

经济学中的整合现象

2005年诺贝尔经济学奖得主、美国经济学家托马斯·谢林是西方非主流经济学家的代表人物之一，他突破了经济学理论用数学表示的传统方法，开创并发展了"非数理博弈理论"。在谢林看来，在双方或多方相互影响的情势之下，博弈是不可能通过数学工具和建立模型来表述和研究的，因为决策主体的期望和行为是无法通过纯粹的逻辑和数学推算出来的。参与人在选择博弈战略的时候不仅有数学上的考虑，也有创造声誉、沿袭传统、建立自信、显示大度等许多非数学因素。他的代表作《微观动机与宏观行为》研究了丰富的社会现象，用人们耳熟能详、简单易懂的例子说明，在人们的行为依赖于其他人的行为的情况下，通常不能通过简单加合的办法来推导群体行为，任何想从群体行为来推导个人意愿或者从个人意愿来推导群体行为的尝试都是投机取巧的做法。

他用"互赠圣诞卡"为例来说明这个道理。相互寄送圣诞卡是一种互动过程,受到多种因素的影响,除了贺卡成本、邮资、人力花费、收到贺卡的快感或厌烦等首先要考虑的因素,还有习俗、期望、相互之间的预期等等因素。比如,人们觉得应该礼尚往来,我收到你的贺卡就应该回寄你贺卡,经常是我寄给你贺卡只是因为我期望也收到你的贺卡。有时候我寄贺卡是因为历年都寄怕今年突然不寄会引起你的误会。我还会提前寄出贺卡,以免你猜疑我是不是因为收到了你的贺卡才回赠的。学生送贺卡给老师,因为他们相信其他学生也会这么做。总之,互送贺卡的群体行为已经变得非常滑稽可笑和荒唐,背离了个人寄送贺卡的初衷。另一方面,不管个体如何行为,群体行为又是恒定不变的。有些人送出的贺卡比收到的多,有些人收到的贺卡比送出的多。但是对整个邮政系统而言,寄出的贺卡和收到的贺卡是一样多的。这就是说,群体行为作为结果和个人行为之间没有必然的联系,这就好比"抢凳子游戏",如果一个房间中的凳子数少于要坐凳子的人,那么不管这些人如何行为,最后总有一些人没有凳子可坐。

心理学中的整合现象

人类的思维和认知过程包括分析和整合两个相辅相成的方面,分析中有整合,整合中有分析,只分析不整合,或者只整合不分析是不可能的。完形心理学强调认知过程中整合的重要性,有许多实验证明,人们感知整体(完形)往往比感知组成部分来得容易。例如：

  A．（ ） （ （

  B． ） （

A和B左右两个符号的差别都是有一个单括号的方向相反，但是被试人感知A的差别比感知B的差别要快，尽管B比A简单。原因在于A中的（ ）构成一个完形，而人感知整体比感知部分要来得容易。

  整体还比部分容易记忆，有一个实验是给被试人讲故事，故事里有A、B、C、D四种动物，它们聪明的程度不一样，用句子来表达就是：

  1）A比B聪明。

  2）B比C聪明。

  3）C比D聪明。

随后要求被试人判断一些句子的真假，除了上面三个句子外还有下面三句：

  4）A比C聪明。

  5）B比D聪明。

  6）A比D聪明。

结果是被试人判断后面三句的真假要比判断前面三句的真假快，尽管前面三句表达的是最基本的事实。这只能从记忆中的"完形"结构来解释：从整体上看"A-B-C-D"这个等级，两个成分相距越远，它们之间的差异就越显著，判断起来就越快。

  神经科学的最新研究发现，在感知一个物体，例如一只杯子的时候，这个物体的形状、颜色、大小、质地等特征分别激活大脑皮层的不同区域,这些区域分别处理这些不同种类的信号,但是大脑具有一种神经机制,能把这些不同种类的信号在视觉上整合为一个单一的、连贯的物体意象,这种整合在神经科学中有个名称叫做"binding"。对这个整合机制的详细情形现在还很不清楚,有人认为这些不同种类的信号在大脑皮层一定是"同步"激活的。

语言学中的整合现象

这是我们关心的主题。语言的演化跟物种演化一样,过去语言学家关注的主要是"一分为二",比如假设汉语和藏语是从一个共同的祖先分裂出来的。其实,两种语言"合二为一"的现象也很常见,只是研究得不够。由语言接触而形成的洋泾浜语在形式和功能上复杂化,最终变得跟其他语言地位相当,成为一个言语社团的母语——也就是有了"生殖隔离能力",就变成所谓的克里奥耳语了,克里奥耳语多见于牙买加、海地、多米尼加以及世界上其他一些前殖民地。最近出版的《中国的语言》里有"混合语"一类,例如新发现的青海东部四川西部的"倒话",语法结构是藏语的,词汇是汉语的,由两种语言合二为一的语言一定比我们原来想象的要多。

语音中的整合现象

语言工程中语音合成的研究表明,简单地将两个单元音[a]和[i]加合,并不能得到一个双元音[ai],那样合成的结果听上去仍然是前后相继的两个音[a]和[i]。

汉语里常见的合音现象就是一种语音上的整合。北京话里数词"一"的本调是[55]，后面跟量词的时候要发生变调，变调的规律是，后面是去声变成[35]调，例如"投你一票"，后面不是去声变成[51]调，例如"一桶水"。但是在"你递我一桶，我好盛水"里，"一"不是变为[51]而是变为[35]调，这是什么原因呢？"你递我一桶"里的"一"实际是"一个"的合音形式——"个"是去声。这跟"俩"和"仨"是"两个"和"三个"的合音形式是一样的，而且合音的方式也是一样的，有连读变调和音段压缩，不是两个音的简单加合。合音现象在汉语方言里十分常见，北京话里的"不用"合音为"甭"，"不要"合音为"别"，苏州话"勿要"合音为"覅"。

词汇和语法中的整合现象

新词汇的产生过程既有"一分为二"，也有"合二为一"。信任的"信"引申出"信使"的用法，又引申出"书信"义，现在对一般人来说，信任的"信"和书信的"信"已经是两个不同的词儿，这是一分为二。下面举合二为一的例子，除了词汇还有短语和句子。

大车　"大车"跟"大树"不一样，可以说"一辆小大车"，但是不说"一棵小大树"。不是大型的车都叫大车，"牲口拉的两轮或四轮载重车"才叫大车。同样，"轮椅"，不是凡是带轮子的椅子都叫轮椅，"医院或残疾人专用的"才叫轮椅。

有意思　这个词儿的意思不等于"有＋意思"，"这些话有意思"，什么话没有意思呢？"有意思"的整合意义是"有趣，耐人寻味"，如果没有这个整合而产生的意义，"有意思"就变得没意思了。

学不成　在近代汉语里是"学而不成"的意思，例如"学书不成，学剑又不成"。到了现代汉语"学"和"不成"已经整合为一体，"学不成"的意思已经不等于"学而不成"，整合后产生的新意义是"不可能学成"。

为什么不试一试？　这是一个否定疑问句，但是却表达一个"建议"，是建议对方试一试。这是"疑问"和"否定"二者整合的结果，"建议"是整合后产生的新意义。

口误中的整合现象

口误，也叫"舌头打滑"（slips of the tongue），可以揭示言语产生的心理机制，当过美国语言学会会长的弗朗姆金在 *Language* 杂志上发表过一篇有名的文章，说口误的研究就是从"不正常的"语言表现揭示"正常的"语言心理。有一类口误叫"糅合"口误，指对两个竞争待选的语词各取其一部分混合为一个成分说出，这类口误发生在语言结构的不同层面，包括语素、词、词组和句子。例如：

搭[dā] / 接[jiē] 一下茬！→ jiā一下茬！
没想到他落到这个田地/地步→没想到他落到这个田步
看不出 / 想不到你还这么残忍→看不到你还这么残忍
更不吃你的一套 / 不买你的账了 → 更不吃你的账了

第一例是说话人既想说"搭一下茬"又想说"接一下茬"，结果就把"搭"的韵母-a和"接"的声母介音ji-糅合起来变成了jiā，这是发生在语素或词层面的糅合。其他三例发生在复合词、短语和句子上。"推介"是"推广"和"介绍"的糅合，"建构"是"建立"和"构造"的糅合，"推介"和"建构"已经不是口误，但是它们和糅合口误的心理机制应该是一样的。英语里也有这种糅合构词法，例如smog = smoke + frog, brunch = breakfast + lunch, 只是跟汉语相比数量要少得多。外国留学生学汉语有不少糅合偏误，例如：

> 你是不是灵魂还是人？
>
> 看电视轻松轻松一下。
>
> 对家务没什么感兴趣。
>
> 他当小张的面前露出一脸骄傲的神色。
>
> 茉莉花茶、菊花茶也好喝是好喝，可是还没习惯的人不太喜欢喝。

第一例是"是不是灵魂"和"是灵魂还是人"两种说法的糅合，第二例是"轻松轻松"和"轻松一下"两种说法的糅合。其他例子诸位可以自己去分析。其实这样的口误在我们的日常言语中也十分常见，有时候说话人意识不到讲了糅合的话，听的人也不觉得有什么不对，例如：

> 上头说了：管你该管的事你管，不该管的当由企业管就放给企业……

"管你该管的事你管"是"管你该管的事"和"你该管的事你管"的糅合，也许还正是这样的说法才增强了表达力。

> 在新的规范没有公布之前……

《现代汉语词典》第5版刚出版的时候前言里这么说，有人就打电话给我，说这是个病句，应该改为"在新的规范没有公布时"或者"在新的规范公布之前"。其实有好些类似的糅合说法已经被大家所接受,例如"出于意料之外"是"出于意料"和"于意料之外"的糅合,"除了这件事之外"是"除了这件事"和"这件事之外"的糅合。不过上面那句话现在还是改过来了。

还有一类口误叫"截搭",是将前后相邻的两个词语各截取一部分接搭成一个成分说出,这类口误也可以发生在语言结构的不同层面。例如:

值五[wu^{214}]块[kuai^{51}]吗?→ 值wu^{51}吗?

政府应该采取冷静、理智的态度。→ 政府应该采取冷智——冷静、理智的态度。

"五"截取音段wu和"块"截取的声调[51]截搭而成wu^{51},"冷静"和"理智"截搭成"冷智"。赵元任先生列举的"套合复合词"、"留学学生→留学生"、"陆军部部长→陆军部长",还有相邻助词的"噬同"、"已经去了了→已经去了"、"那个卖菜的的筐子→那个卖菜的筐子",也都属于"截搭"现象。

口误能揭示言语产生的心理机制,糅合和截搭口误的大量存在证明语言中的整合现象具有心理上的现实性(psychological reality)。

讲分析,也要讲整合

一个世纪以来,中国的语法学基本上是沿着《马氏文通》

的路子，不断借鉴西方的分析法，"语法分析"几乎成了"语法研究"的同义词。语法学史上一些大的语法争论都是围绕着能不能分和如何分的问题：先是单位的划分，词和语素、词和短语如何划分？单句和复句如何划分？其次是给划分出的单位分类，汉语的实词能不能分类？如何分法？句法成分分几类合适？主语和宾语如何划分？还有层次分析法，转换分析法，语义成分分析法，大类下面分小类，一个"的"字可以分出三个，等等。总之一百年来我们在语法研究上所做的工作可以用一句话来概括：分析，分析，再分析。语法研究的进步基本上就是分析的广度和深度的拓展和分析方法的改进。

有人说《文通》从一开始就将汉语语法研究引入歧途，我的看法是，分析法的引入还是大大加深了我们对汉语语法结构的认识，分析的方法对汉语语法也基本适用。从语素到句子，汉语也可以分出大小不等的单位，汉语的实词也可以分出不同的类来，句子也可以作层次分析并分出不同的句法成分来，这些分析大致都符合我们对汉语的语感。讲语法，分析是完全必要的，通过分析，找出整体的各个组成部分的差异确实有助于把握整体的性质。分析法运用于汉语语法确实遇到不少困难，有不少分不清的情形，但是这不等于说一切都是浑然一体，前后左右全然分不清。吕叔湘先生有一个很好的比喻：中高纬度地方不像赤道地方昼和夜的交替在顷刻之间，而是黎明和黄昏都比较长，但是不能就此说那里没有昼和夜的分别。积累多少个"大同小异"就会形成一个"大不一样"。总之，中国过去的语法学缺乏精细严格的分析传统，马建忠把西方语法分析的方法引入中国，功不可没。说马氏是"中国语法勇敢的先驱"，《文通》"创前古未有之业"，我想主要也是这个意思。

另一方面，我们也要充分认识到，一味地分析而不讲整合，会带来两个不好的后果：一个是丧失语法的概括性，一个是削弱语法的解释力。我先用分小类来说明前一点。

    a. 在黑板上写字 → 把字写在黑板上

    b. 在飞机上看书 → *把书看在飞机上

为了解释 a 和 b 在句式转换上的差别，把"写"和"看"分别划归动词的两个小类 V_a 和 V_b，V_a 有"附着"义，V_b 没有"附着"义。类似的分析也适用于下面两个句子：

    a. 给校长写了一封信 → 写给校长一封信

    b. 给爸爸炒了一个菜 → *炒给爸爸一个菜

把"写"和"炒"分别划归动词的两个小类 $V_甲$ 和 $V_乙$，$V_甲$ 有"给予"义，$V_乙$ 没有"给予"义，这样也就说明了 a 和 b 的差别。

显然这两对句子之间存在着某种对应，有共通的地方，但是光是给动词分小类并不能说明这种对应和共通性。通过上面那样的分析，动词"写"已经得到"附着"和"给予"两个语义特征，但是我们还可以根据"写"的其他的分布特征给"写"赋予许许多多别的语义特征，这样做的最终结果将是一个动词一个类，因为没有两个动词在语句中的分布和语义特征会完全一样。请诸位不要误会，我不是一概反对给动词分小类，一些重要的小类值得分，分得有成效。语法研究的目的原本是想以简驭繁,用简明的规则说明繁复的现象,给动词分小类也是出于这个动机,然而不断分小类的结果却是适得其反,最终失去了语法的概括性,所以说不能一味地分析下去。从整合出发,情形就不同了,我们会着眼于箭头左边和右边那两种句式各自具有什么样的整体意义,这种句式意义的形成有什么一般的规律可循,我写过一篇东西《"在"字句和"给"字句》就专门谈这个问题。

再说一味地分析会削弱语法的解释力。先看一对例子,"大胜"和"大败":

中国队大胜美国队

中国队大败美国队

这两句都是"中国队大胜、美国队大败"的意思。通过分析把"胜"和"败"划归动词的两个小类V_a和V_b,"胜"是V_a,"败"是V_b,分布上的区别是:

中国队大胜美国队 = 中国队大胜

中国队大败美国队 = 美国队大败

从意义上讲,"败"有使动义"使败",而"胜"没有使动义"使胜"。这样的分析好像很管用,但是如果把"大败"的"大"改为"惨"或者"惜",情况就不一样了:

中国队惨败美国队 = 中国队惨败

中国队惜败美国队 = 中国队惜败

这二例都见于报纸体育新闻的标题,意思完全反了过来,美国队败变成中国队败。"败"属于V_b,以"败"为中心扩展而成的"大败"自然也是V_b类性质,为什么同样扩展而成的"惨败"就改变性质了呢?如果不从整体上看"大败"和"惨败"的差别就解释不了这个现象。再来看"笑死"这个组合,动词"笑"加上表示程度的补语"死":

怡静说:"我要被中国男人笑死了。"

怡静是一位长期旅居海外的女性,我当初看完这句话,以为是怡静做了什么特别可笑的事情而怕遭到中国男人的嘲笑,想接下去看一看她究竟做了什么。不料下文却说"把她笑死的,是中国男人对性的认识",这才知道这句话是中国男人遭到怡静嘲笑的意思。这表明"笑死"有两个意思,一个意思"笑"没有使动义,中国男人笑怡静,一个意思"笑"有使动义,中国男人使怡静笑。现在的问题是,单独一个动词"笑"一般没有使动用法,"中国男人笑怡静"只能理解为"中国男人笑"。如果说"笑死"的意义就是"笑"的意义和"死"的意义的加合,也就是"笑的程度深"的意思,那么"笑死"就不应该有使动义出现。可见补语"死"的作用不仅仅是表示程度深,它跟"笑"整合后还使"笑"有了新的意义"使笑"。这样的现象在"追累"这样的组合上表现得更加明显:

张三追累了李四。

a. 张三追李四,张三累了。

b. 张三追李四,李四累了。

c. 张三使李四追,李四累了。

这句话有上面三种意思,b和c都有"使李四累"的意思,"追累"有这种意思并不奇怪,因为"累"本来就有"使累"的使动用法,例如"这活儿真累人","你就累我一个人了",

"张三累着了李四"。奇怪的是c还有"使李四追"的意思——张三引诱李四追,结果李四追得气喘吁吁,而动词"追"本来没有使动用法,不管是"张三追李四"还是"追人"都不可能有"使追"的意思。这就是说,"使追"这个使动义是"追"和"累"结合成"追累"这样一个整体之后新产生出来的意义。与"追累"类似的例子有:

(你老让我吃)你都吃腻了我了。

(你老让我唱)你都唱烦了我了。

(你老让我喝)你都喝醉了我了。

"腻、烦、醉"等动词本来就有使动用法,"腻人、烦人、醉人",所以"吃腻"等有"使腻"等意思并不奇怪,奇怪的仍然是"吃、唱、喝"本来没有使动用法,而这些句子却都表达"使吃、使唱、使喝"等意思。

"组合语义说"认为,一个词语的意义可以从组成部分的意义推导出来,这对"大败"和"惨败"已经不完全适用,对"笑死"和"追累"而言就基本不适用了,因为整体显然要大于部分之和。总之,只讲分析不讲整合会削弱语法的解释力。下面我会说明,"追累"的"使追"意义是怎么通过"追"和"累"两个概念的整合而产生的,"追"是原因,"累"是结果,这种整合称为"因果整合"。

我想要强调一下,我们现在讲整合不是简单地回归传统,回到《马氏文通》以前的老路子上去,而是"否定的否定","螺旋形的上升"。第一,讲整合的时候不要全盘否定过去在分析方面的成绩,要在分析的基础上讲整合,讲究整合法还要有利于分析法的改进。第二，讲整合不能泛泛而谈，蜻蜓点水，"只听楼梯响，不见人下来"，到底怎么个整合法要讲出一些道道来。比如，说汉语注重意义的"整合"，究竟怎么个整合法，我们还没有说出什么道道来。西方的语法研究虽然长期注重分析，但是一些有识之士现在已经意识到整合的重要性，对整合法的研究已经取得不少成果，这一点值得我们反思。

两种类型的整合——糅合和截搭

我把语言中的整合现象分为"糅合"和"截搭"两种类型。糅合好比是将两根绳子各抽取一股重新拧成一根，截搭好比是将两根绳子各截取一段重新接成一根。这两种整合类型在构词和造句过程中都存在。

先看构词法。"墙脚"和"炕头"是糅合构词，"归侨"和"外贸"是截搭构词。拿"墙脚"一词来说，"人—人体底部"是一根绳子，"墙—墙体底部"是又一根绳子。概念"人体底部"已经有词项"脚"，为了产生一个简单形象的词来表达"墙体底部"这个概念，抽取一根绳子的一股"墙"和另一根绳子的一股"脚"二者糅合成"墙脚"一词，于是在语言里形成一个完整的a：b=x：y的方阵格局。

  a. 人 b. 人体底部（脚）
  x. 墙 y. 墙体底部（—）←xb墙脚

拿"归侨"一词来说，"回归祖国"和"旅居国外的中国人"分别代表两个概念两根绳子，各有词项"归国"和"华侨"。为了产生一个简单的词项来表达"归国的华侨"这个概念，截取一根绳子的一段"归"和另一根绳子的一段"侨"二者截搭而成"归侨"一词。

回归祖国（归国）+旅居国外的中国人（华侨）→归侨

有人说"归侨"和"外贸"这样的组合是"略语"，本质上是词组，但是吕叔湘先生说，"多数所谓略语的构成方式跟一般复合词没有什么两样，很难截然分开。"缩略法是汉语里一种重要的复合造词法。

像"的姐"这样的词，构成方式是先截搭后糅合。先是"的士"和"哥哥"截搭成"的哥"一词，然后是"的哥"和"姐姐"糅合成"的姐"。

区分糅合和截搭，最主要的是看参与整合的两个概念之间是"相似"还是"相关"。一个概念是ab，另一个概念是xy，如果a和b之间的关系对应于x和y之间的关系，形成一个a∶b＝x∶y的方阵格局，或者说，ab和xy二者"相似"——不一定相关，那么二者的整合就属于糅合。"人—人体底部"和"墙—墙体底部"二者之间就有这种相似性，所以"墙脚"是糅合构词。如果ab和xy二者在概念上有某种联系，交叉或者包容，形成的是一个ab~xy的线形链条，二者"相关"——不一定相似，那么二者的整合就属于截搭。"回归祖国"和"旅居国外的中国人"二者之间就有这种相关性，所以"归侨"是截搭构词。

现在来看造句法。举例来说，"这个外科医生又操起了屠宰刀"是糅合造句，"他被后面的司机按了一喇叭"是截搭造句。

> 这个外科医生又操起了屠刀。

这句话整合了两件事情,一件是"外科医生施手术刀于病人",一件是"屠夫施屠宰刀于猪羊",这两件事情有相似之处,但是不相关,所以是糅合造句。

> 他被后面的司机按了一喇叭。

这句话也整合了两件事情,一件是"他被后面的司机警告",一件是"后面的司机按了一下喇叭",这两件事情互相关联,但是不相似,所以是截搭造句。

从上面的例子已经可以看出,"糅合型整合"跟"隐喻"(metaphor)有关,隐喻就是用一个概念来描述另一个相似的概念,例如用"屠夫宰杀猪羊"来描述"外科医生给病人动手术",因此"糅合型整合"也可以叫做"隐喻型整合";后一类整合跟"转喻"(metonymy)有关,转喻就是用一个概念来指称另一个相关的概念,例如用"在后面按一下喇叭"来表示"警告一下前面的人",因此"截搭型整合"也可以叫做"转喻型整合"。糅合和截搭,隐喻和转喻,都属于人的一般认知方式。

简化语法系统

诸位从我上面讲的内容当中大概已经看到讲整合带来的一些好处了,它能增强语法的解释力,还能增强语法的概括性,特别是能对构词法和造句法里的一些并行现象做出统一的说明,从而简化语法系统。这一点对汉语来说尤其重要,因为汉语里词和词组、词组和句子之间的界限本来就不那么清楚。不要小看语法系统的简化,在建立语法体系的时候,简单和严谨同等重要。要是我们发现一种理论对语言现象的解释变得越来越复杂,结构的分析图越画越复杂,那我们就应该反思这种理论是不是根本就有缺陷。

我这里再举一个例子来强调这一点。请看"我不买他的账"、"你别挑他的眼"这类句子,许多人把这类句子叫做"形义错配句","他的"在形式上是后头的名词的定语,但是在语义上并不修饰后头的名词,类似的句式很多,例如"他的老师当得好"、"老王是去年生的孩子"等。"生成语法学"分析这类句子,认为它们都是从一个基础结构出发通过组成成分的移位、增删等句法操作派生而成的。如果从整合的立场看,这类句子是"糅合型整合"的产物:

  我不买他的账。
   a.我不领情 b.我不领他的情
   x.我不买账 y.(一)←xb我不买他的账

b和x各取一部分结合成xb,也就是"我不买他的账",填入y的位置得到a:b=x:y,注意这跟前面讲的"墙脚"的生成方式是一样的。要知道这样讲带来一个很大的好处,可以把两套句法操作合并为一套。"买账"、"挑眼"等等都是动宾结构,但是"我不买他的账"、"你别挑他的眼"这种说法不限于动宾结构,"慷慨"、"提醒"、"静坐"等等也能这么说,例如"别慷我的慨"、"不用你提我的醒"、"你静你的坐,我结

我的婚"等等。这些说法其实也是"糅合型整合"的产物,只不过进行了两次糅合而已,就以"别慷我的慨"为例:

别慷我的慨。

  a.(很)费钱 x.费(很多的)钱 m.费我的钱

  b.(很)慷慨 y.慷(十分的)慨 n.慷我的慨

第一次整合是x和b糅合得到y,也就是"慷慨"仿照动宾结构"费钱"类推,也变成动宾结构;第二次整合是m和y糅合得到n,也就是"慷我的慨"是仿照"费我的钱"类推得到的。但是按照生成语法的办法,那就要假设两套句法操作,一套是类推——他们不能不承认先要通过类推把"慷慨"变为动宾结构,一套是派生——为最后生成"慷我的慨"而假设的移位和增删。能够用一套操作来说明的现象就不要用两套,这就是讲整合带来的简化语法的好处。

整合和"语法化"

讲整合对讲语法的形成和演变有没有什么好处呢?我想说一说如何从整合的角度来看语法化的机制,所谓"语法化"就是实词变虚词和新语法格式的产生过程,所谓"机制"就是自然而然、反复遵循的步骤或方式。对于语法化的机制,有人认为是结构的"重新分析"(reanalysis),有人认为是结构的"类推"(analogy)。我想说明,重新分析其实是通过截搭型整合来实现的,类推其实是通过糅合型整合来实现的,而且有许多语法化现象要问是哪一种机制在起作用,这取决于我们观察的角度。例如,"既"字由表示时间的副词(相当于"已经")变为表示原因的连词("既然"的意思),通常用重新分析来解释:

  a. 未见君子,忧心忡忡。既见君子,我心则降。(《诗经·小雅》)   [时间]

  b. 既来之,则安之。(《论语·季氏》) [时间/原因]

  c. 既能来至道场中,定是愿闻微妙法。(《敦煌变文集·三身押座文》)   [原因]

a句的"既"是表示时间的副词,c句的"既"是表示原因的连词,介于其间的b句"既"既可以理解为表示时间的副词,也可以理解为表示原因的连词。因为可以找到这样一个过渡的中间阶段,所以说这一变化的机制是转喻,是用"先发生的事"来转指"后发生的事的原因",从整合的角度讲,就是这两个相关的概念通过"截搭"合二为一,连词"既"是截搭型整合的产物。但是从另一个角度看,这个变化过程是类推,是隐喻,因为存在"先发生的事:后发生的事 = 原因:结果"这个类比关系,从整合的角度讲,就是两个相似的概念通过"糅合"合二为一,连词"既"是糅合型整合的产物。再看"许"字的虚化:

  a. 你不许回家。

  b. 他许是回家了。

a句里的"许"表示"允许",b句里的"许"表示"或许"。通常认为,或许义是从允许义通过隐喻或类推得出的,因为"允许"的概念结构和"或许"的概念结构具有相似性,都是

"克服阻力"：

　　"允许"：某人做出某种行为的阻力被克服

　　"或许"：言者做出某种结论的阻力被克服

"允许"克服的是做一件事情的阻力，比较具体，"或许"克服的是做出结论的阻力，比较抽象，所以用前者隐喻后者。从整合的角度讲，"许"字的或许义就是这两个相似的概念"糅合"的产物。但是从另一个角度看，这个虚化过程也是转喻或重新分析，因为"做出结论"也是一种"行为"，是广义的行为中的一种，"克服行为的阻力"和"克服结论的阻力"具有概念上的关联性。从整合的角度讲，"许"字的或许义就是这两个相关的概念"截搭"的产物。

再来看体助词"了"的形成。研究近代汉语的同行，有的说"了"是通过重新分析形成的：

　　V + O + 了[liǎo] → V 了[le] + O

　　拜 + 舞 + 了[liǎo] → 拜了[le] + 舞

"拜+舞"和"事了[liǎo]"这两个事件先整合为一个连动结构"拜舞+了[liǎo]"，连动结构的两个部分还是可以分开的，进一步深度整合就形成"拜了[le] + 舞"，"了"由动词变成体助词，跟前面的动词"拜"就合为一体了。显然，重新分析是通过"截搭型整合"而实现的。还有人说"V了O"是通过类推形成的，是仿照已经存在的"V却O"类推的结果，而类推一定是通过两个概念的糅合而实现的，要以一个类比格局打底：

　　　　a. VO却　　　b. V却O

x. VO了　　y.（一）← xb V了O

这就是"糅合型整合"。总之，体助词"了"的形成是截搭型整合和糅合型整合协同作用的产物。

既然重新分析和类推分别是通过概念的截搭和糅合来实现的，要深入探究语法化的机制和制约条件，就要去考察概念截搭和概念糅合的方式和制约因素。

整合的"浮现意义"

通过整合而产生的意义叫做"浮现意义"（emergent meaning），浮现意义是创新意义，整合是创新的源泉，日常生活中这样的例子很多很多。

> 上了一次中岳嵩山。这里运载石料的交通工具主要是用人力拉的排子车，特别处是在车上装了一面帆，布帆受风，拉起来轻快得多。帆本是船上用的，这里却施之陆行的板车上，给我十分新鲜的印象。

这是汪曾祺的散文《随遇而安》中的描述，板车和帆船的整合，这就是一种创新，"拉起来轻快得多"和"给我十分新鲜的印象"都是整合后的浮现意义。

年轻人赶在春节前扎堆结婚，结婚登记处排起了长队，因为这一年是"鸡年"，传说是无春的"寡年"，在鸡年里结婚的女人要成为寡妇。这种做法是"婚年无春"和"婚后克夫"两个概念的整合，这些人相信只有不在无春年结婚才能婚后不当寡妇，他们又因为不想婚后克夫所以赶在春节前结婚，这两个概念整合后互为因果，因果不分。这一因果整合的浮现意义是安全感和吉利感，正是因为有这种浮现意义，《北京青年报》的一篇"今日社评"针对一些时评人士对这种现象的严厉批评，主张宽容态度，说即便大家都懂得了寡年的科学来历，还是会想突击结婚，因为想博个好彩头的心态，科学家也不例外。

文艺作品更是通过整合后的浮现意义来达到一种震撼人心的效果。交响乐把多种乐器的声音整合在一起，产生一种震撼心灵的效果。绘画的透视法把三维空间整合在二维空间内，毕加索的立体主义是把四维空间——第四维是从不同的角度同时观察一个立体——整合在二维空间内，达到一种扣人心弦的效果，例如在《阿维农的少女》中，他将不同角度对同一物体所观察到的不同形面——正面、背面、侧面等——整合在一起，在画面的平面结构中达到新的统一，从而创造出全新的视觉形象。科学的创新往往在于两个不同学科的交叉整合，这早已为科学史所证实，无须多说。同样，一个句子可以同时把我们认知的两个或多个事件整合在一个线性的语符序列中，从而也产生一种意想不到的效果。

让我们回到"那个外科医生是个屠夫"那个隐喻说法，它是糅合造句的结果。通常说隐喻是从一个概念域到另一个相似概念域的"投射"（mapping），这里一个域是"外科医生施手术刀于病人"，一个域是"屠夫施屠宰刀于猪羊"。但是，如果只讲投射不讲整合，那就无法解释为什么这个隐喻会有"那个外科医生手术拙劣"的含义，要知道屠夫不见得就是本事蹩脚的——想想"庖丁解牛"的故事，这一新的含义正是整合的产物。外科医生做手术的目的是救生，切除腐肉是实现目的的手段，而屠夫剔肉是目的，杀生是实现目的的手段，两件事情的目的和手段正好相反。但是这两个概念域之间又有对应关系，可以概括为"某人X施刀术于Y"。通过这个概括，这两个概念域各选取一部分——外科医生动刀的过程和屠夫动刀的目的手段——整合在一起，整合后外科医生和屠夫二者融为一体，给人以"外科医生施屠宰刀于病人"这种目的和手段相对立的整体意象——用杀生的手段来实现救生的目的，这个整体意象反馈到外科医生身上，从而产生出"那个外科医生手术拙劣"的意义。富高涅提出的概念整合理论，目的就是要探究整合的机制和制约条件，试图弄清"浮现意义"是如何浮现的。

浮现意义和回溯推理

浮现意义是如何浮现的？人是怎么理解浮现意义的？这是当今认知科学关心的核心问题之一。上面已经介绍了富高涅在这方面所做的探索，我这里想说一说"截搭型整合"的浮现意义跟"回溯推理"的关系。

先要解释一下什么是"回溯推理"（abduction）。这是一种既不同于演绎推理也不同于归纳推理的推理方式，这里主要说明它和演绎推理的区别。演绎推理的三段论是根据大前提和小前提推导出结论，例如：

大前提：人都有一死。

小前提：苏格拉底是人。

结　　论：苏格拉底会死。

回溯推理是从结果出发，根据大前提推导出小前提。例如，知道苏格拉底死了，联想到人都有一死，于是推测苏格拉底是人。注意，用回溯推理推导出来的命题不一定为真，推导得出的是苏格拉底很可能是人，但是不一定，但是这个命题又是跟"苏格拉底死了"和"人都有一死"两个命题相容不悖的。我们在日常生活中经常做这样的推导，公安人员在一个作案现场发现某甲的足迹，很容易产生联想，可能某甲就是作案人。这种推理就是回溯推理：

前提：如果是某甲作的案，那么现场有某甲的足迹。

事实：现场有某甲的足迹。

推论：很可能是某甲作的案。

让我们回到语言中来，"学而不成"整合为"学不成"后浮现可能义的情形。"学"是动作，"不成"是动作的结果，这是两个相关的概念，整合为"学不成"属于"截搭型整合"。从推理的角度看，可能义是回溯推理的结果：

前提：如果不可能学成，那么一定没有学成。

事实：说的是"学而不成"。

推论：很可能表达的是"不可能学成"。

回溯推理可以解释这种表示可能的动补结构在否定式（"学不成"）和肯定式（"学得成"）之间的不对称现象，也就是否定式的使用频率大大高于肯定式，历史上否定式形成的时间早于肯定式。这是因为人们很容易从"没有实现"回推出"不可能实现"来，回推的前提是存在一个认知定式"如果不可能实现,那么没有实现",相反,"如果可能实现,那么已经实现"这样的前提不成立,谈不上从"已经实现"回推"可能实现"。

汉语里有大量"不X"形式的词,如"不免、不料、不禁"等,它们是词组"不+X"的两个成分整合为一体的结果。值得注意的是,词组"不+X"表示"没有实现",整合成词后的"不X"都有可能义浮现,例如:

  不免 未免除→免不了 不配 不相配→配不上

  不定 未说定→说不定 不堪 未承受→承受不了
              (不堪一击)

  不料 未料到→料不到 不支 未支持住→支持不
              住(体力不支)

  不禁 未禁止→禁不住 不谓 未说→不能说(任
              务不谓不重)

可见,从"没有实现"推导出"不可能实现",回溯推理作用的范围不限于"学不成"这种格式。

回溯推理所依据的前提是一种事理,一种常识,我们把它叫做"认知定式","如果不可能实现,那么没有实现"就是一种认知定式。如果所依据的事理是跟语言使用有关的事理,那么这样的事理可以叫做"语用定式"。例如上面说"为什么不试一试"这句话是"疑问"和"否定"整合后浮现"建议"的意义,为什么浮现的是建议而不是命令、许诺、警告等等意义呢?建议义是如何推导出来的呢?是以"语用定式"为前提通过回溯推理得出的:

前提：如果要建议对方试一试，先问一问对方为什么没有这么做。

事实：问的是"为什么没有试一试"。

推论：很可能要表达的是"建议试一试"。

如果还不知道对方没有这么做的原因就去建议对方这么做，这样的建议是"不合适的"，这是语言使用的一种定式，这个前提就是建议这一言语行为要满足的"合适条件"之一。

现在回到前面讲的"追累"问题上来，"追"并没有"使追"的意义，"追累"怎么会浮现"使追"义呢？也是靠认知定式和回溯推理。张三追累了李四，"追"是因，"累"是果，这两个概念的整合属于常见的因果整合。追人事件的认知定式是，追的结果，追和被追的人都可能累，因此从"李四累"这个果回推出来的因可以是"张三追"，也可以是"李四追"。正因为从"李四累"能回推出"李四追"来，所以"张三追累了李四"就有了"使追"义，是张三使得李四追。为什么"张三打哭了李四"很难得出"张三使李四打结果李四哭了"的意思呢？那是因为打人事件的认知定式不同，打的结果一般只有被打的人会哭。

总之，截搭型整合的浮现意义是在认知定式或语用定式的基础上通过回溯推理推导出来的。

整合过程中的压缩和隐退

压缩和隐退是整合过程中的两种重要方式。先说概念的整合必须有概念的压缩（conceptual compression），各种压缩都可以概括为"距离压缩"，包括时空距离和心理距离。请看富高涅举的例子：

> 50年代那个长辫子姑娘是我现在那个剪短发的妹妹。
> 电影中那个长辫子姑娘是我那个剪短发的妹妹。
> 张三相信那个长辫子姑娘是我那个剪短发的妹妹。

这三句都是糅合型整合，第一句的两个概念域，一个是"50年代域"，一个是"现在域"，两个域之间有时间距离；第二句的两个概念域，一个是"电影域"（角色），一个是"生活域"（演员），两个域之间有空间距离；第三句的两个概念域，一个是"信念域"，一个是"现实域"，两个域之间有心理距离。这三种距离都在概念整合中被压缩，"长辫子姑娘"和"剪短发的妹妹"于是被等同起来。

截搭型整合也要压缩距离，比如"追累"这个因果整合，从原因到产生结果之间一般要经过一段时间，整合把时间距离给压缩掉了；原因事件"张三追李四"或"张三使李四追"当中的"李四"和结果事件"李四累了"当中的"李四"严格地讲已经不是同一个"李四"——至少是一个累一个不累，在整合过程中这两个"李四"之间的距离被压缩为零，两个"李四"合二为一。两个不同的身份也能合二为一，例如"外科医生"和"屠夫"。压缩的结果是简单，简单产生力量，整合的浮现意义由此而生。

概念整合的过程中除了压缩之外还有隐退（conceptual recession）。隐退是相对"突显"而言的，"一隐一显"才形成一个整体。心理学的经典实验表明,在一个视觉域内必须有一部分突显一部分隐退,作为一个"完形"的图像才会浮现出来。下面这张图大家都很熟悉,不用多做解释:

语言中"一隐一显"才形成一个整体的现象很多。两个音节并重不构成一个音步,一个重音必须由一个轻音来扶持或衬托,一轻一重才构成一个音步,这是韵律学的基本原理。双音节组合,如果前后并重或者轻重对比不明显,可能是一个词也可能是一个词组,前重后轻的组合就肯定是一个词,例如并列组合:

  兄弟 "兄和弟"   兄.弟 "他是我兄弟"
  多少 "多和少"   多.少 "每月有多少收入?"
  东西 "东和西"   东.西 "这是个什么东西?"
  千万 "千和万"   千.万 "千万不要泄漏"
  买卖 "买和卖"   买.卖 "做个大买卖"
  反正 "反和正"   反.正 "反正我不答应"

偏正组合也是如此,左列可以是动宾词组,右列一定是名词:

  煎饼   煎.饼

劈柴　　　劈.柴

烧纸　　　烧.纸

英语里的情况也一样，几乎所有的复合词都具有这种重音模式，不管是名词、动词还是形容词，例如：

a dark room　　　a ˈdark ˌroom

a hot house　　　a ˈhot ˌhouse

a black bird　　　a ˈblack ˌbird

a baby girl　　　a ˈbaby-ˌsitter

motor transport　　ˈmotor ˌcar

复合词是这样，句子也是这样。汉语里的把字句就是两个小句整合的结果，整合过程中一个隐退一个突显。

醉把茱萸仔细看。（唐诗）

本来是"醉把茱萸"——"把"是动词，作"手持"解——和"仔细看茱萸"两个小句，代表两个事件，在整合过程中，先是两个"茱萸"合二为一，形成一个连动结构，这是两个事件整合的开始，前后两个动作还是并重的。然后发生的是前一个事件隐退，动词短语"把茱萸"变成了介词短语，实义动词"把"变成了虚词"把"，同时后一个事件得到突显，把字句就诞生了。这一整合的浮现意义是强调处置，所以把字句又叫"处置式"。

现代汉语体助词"了"的形成也一样，只不过隐退的是后一个事件：

拜舞既了（近代）→ 已经拜了舞（现代）

"拜舞既了"里的"了"[liǎo]是表示"结束、完成"的动词，前面可以有副词"既"修饰,证明原来是两个事件,一个"拜舞"一个"事了[liǎo]"。然后发生的是后一个事件的隐退,前一个事件的突显,动词"了"虚化为一个附着于动词的体助词"了"[le]。

概念的压缩和隐退会引起语言形式的压缩和隐退,这就是概念结构和语言结构之间的"象似性"。语言形式的压缩和隐退主要有三种方式:一是由重读变轻读,二是由长大变短小,三是由自由变黏着。这三种方式在"了"的虚化上都看得出来。我们研究概念整合的时候要特别注重语言形式的证据,因为在语言学里,谈论没有形式差别的概念差别是没有意义的。

压缩的同时有扩充,隐退的同时有突显。"这个外科医生又操起了屠刀",在"外科医生"和"屠夫"之间的距离被压缩的同时,扩充激活的是"一个戴眼镜的稳重的医生大刀阔斧地在剔肉"的意象,由此产生"生动义"。"醉把茱萸仔细看",由连动句整合为把字句,"手持"义隐退的同时"细看"义得到突显,由此产生处置的"强调义"。生动义和强调义是整合的两种常见的浮现意义。

一缩一扩和一隐一显都是有神经生理基础的,一个神经元的激活对周围的神经元有两种影响,一是增强它们激活的可能性——如果两者的联系是激活型的(excitatory),一是减弱它们激活的可能性——如果两者的联系是抑制型的(inhibitory)。抑制是许多认知心理过程的重要特征,特别在视觉图形识别的时候起重要作用。研究者给被试人的左眼和右眼分别呈现不一致的图形,"双目竞争"的结果是一个时间只看见其中一个，这是神经活动对输入信息加以部分抑制的结果。

结语：语言学在认知科学中的地位

认知科学是连接哲学、心理学、人类学、语言学、脑神经学和计算机科学的新学科。认知科学的目标不是要建造思维机器，而是要增加我们对认知过程的了解，试图建立人脑是如何运作的理论。这个目标可以通过各种不同的方法来实现，包括传统的心理学实验和观察，也可以通过计算机来模拟认知过程。在人工智能研究的早期，人们相信一种单一的方法——符号表征加上生成规则——就能解决所有的认知问题。跟这种信念不同，当今的研究趋势是采用多种表征方式和数据形式，关注的是它们的互动和整合。

那么，语言学在认知科学中的地位如何呢？认知科学的兴起和认知心理学的关系最密切，用计算机模拟人的认知机制的时候要依靠认知心理学家的研究结果。语言是人类最重要的认知能力之一，语言是洞悉人类心智的窗口，对语言的认知心理学研究离不开语言学家的参与，语言学家对语言事实的描写和解释是认知心理学家进行实验或观察的基础。

科学理论的最终目标是要对耐人寻味的、看似不同的现象提供可信的、统一的解释，使人透过表面看到背后的实质。如果解释具体而可信，那就能用来支持那些可以证伪的假设。有人批评概念整合的理论只能解释不能预测，因此缺乏科学性，这是偏见和误解。语言学家曾经决意要使语言学成为像传统的物理学那么"科学"的学科,这意味着所有的语言现象都可以用数学的方法做出预测。但是,究竟什么算是"科学"呢?是不是只有基于客观分析和还原主义的研究才是"科学"?如果"科学"只划定在这种狭窄的范围内,那么不客气地说,"科学"绝对不能完全揭开自然的奥秘,包括人类语言和认知的奥秘,因为人类也是自然的一部分,而人类的思维和语言不仅仅是分析和还原。

语言是一个复杂的系统,语言学这门学科研究对象的性质决定了语言学跟进化科学、地质学、气象学、天文学一样,能对事情做出充分的解释,但是只能做到"弱预测",预测的是一些倾向性的规律。概念整合的理论在对语言现象做出充分解释的同时还能做到弱预测,比如,通过一个"等级序列"或一套"优选原则"来制约概念的整合,越是符合制约条件的概念整合就越是优先被采纳。举例说,我们可以用整合理论来做出这样的预测:一种语言或者方言中,如果"王冕病了父亲"成立,那么"王冕死了父亲"也成立,反之则不然;如果"张三打哭了李四"能表达"使李四打"的意义,那么"张三追累了李四"也能表达"使李四追"的意义,反之则不然。

整合和离析是互相对立而又相辅相成的两个过程,"可离析性"恰恰是整合的前提。也许正是因为汉语里词语的可离析性程度比印欧语高,所以汉语的整合现象也更加明显、更加重要。目前我正在从概念整合的角度对汉语语法里的一些重大问题或"老大难"问题重新加以审视。我希望让诸位相信,有了概念整合的新思想,我们语言学家从丰富多彩的、实实在在的语言现象出发探索语言结构和语言演变的规律,一定可以对认知科学的发展做出贡献。

参考书目

关于科学思想的新动向,请参看Waldrop, M.（1995）*Complexity*. SDX Joint Publishing Co. 中译本《复杂》1997年三联书店;金吾伦等（2006）整体论:科学研究的新路径,载《科学时报》2006-11-30-B3版。关于数学中的整合现象,请参看Lakoff, George, and Rafael Núñez（2000）*Where Mathematics Comes From: How the Embodied Mind Brings Mathematics into Being*. New York: Basic Books。关于神经科学中的整合现象,请参看Grady, Joseph（2000）Cognitive mechanisms of conceptual integration. *Cognitive Linguistics* 11, 3/4: 335-345页。关于经济学中的整合现象,请参看Schelling, T. C.（1978）*Micromotives and Macrobehavior*. W. W. Norton & Company, Inc. 中译本《微观动机与宏观行为》2005年中国人民大学出版社。关于心理学中的整合现象,请参看Anderson, J. R.（1985）*Cognitive Psychology and Its Implications*, 2nd edition. New York: W. H. Freeman and Company的相关章节。关于语言学中的整合现象,特别关于"浮现意义"和整合中的概念压缩,请参看Fauconnier, Gilles（1997）*Mappings in Thought and Language*. Cambridge and New York: Cambridge University Press; Fauconnier, Gilles, & Mark Turner（2003）*The Way We Think: Conceptual Blending and the Mind's Hidden Complexities*. New York: Basic Books。关于口误中的糅合和截搭,请参看Fromkin, V. A.（1971）The non-anomalous nature of anomalous utterances, *Language* 47:27-52页;沈家煊（1992）口误类例,载《中国语文》第4期306-316页。关于合音现象,请参看刘祥伯（2004）北

京话"一+名"结构分析,载《中国语文》第1期36-39页。关于留学生汉语偏误中的糅合现象,请参看朱智贤(2007)留学生汉语杂糅偏误分析,载《汉语学习》第3期70-76页。关于汉语词法和句法中整合的研究,请参看沈家煊(2006)"糅合"和"截搭",载《世界汉语教学》第4期5-12页;沈家煊(2006)"粉丝"和"海龟",载《东方语言学》第2期1-10页;沈家煊(2006)词法类型和句法类型,载《民族语文》第6期3-9页;沈家煊(1999)"在"字句和"给"字句,载《中国语文》第2期94-102页;沈家煊(2004)动结式"追累"的语法和语义,载《语言科学》第6期3-15页;沈家煊(2006)"王冕死了父亲"的生成方式——兼说汉语"糅合"造句,载《中国语文》第4期291-300页;沈家煊(2009)"计量得失"和"计较得失"——再论"王冕死了父亲"的句式意义和生成方式,载《语言教学与研究》第5期15-22页;沈家煊(2007)也谈"他的老师当得好"及相关句式,载《现代中国语研究》第9期1-12页;沈家煊(2008)"移位"还是"移情"?——析"他是去年生的孩子",载《中国语文》第5期387-395页。关于语法化和词汇化当中的整合现象,请参看沈家煊(2005)也谈能性述补结构"V得C"和"V不C"的不对称,载《语法化与语法研究》(二)185-207页;董秀芳(2002)《词汇化:汉语双音词的衍生和发展》,四川民族出版社。关于因果整合,请参看Sweetser, Eve(2000)Blended spaces and performativity. *Cognitive Linguistics* 11, 3/4, 305-333页。关于整合和回溯推理,请参看沈家煊(2009)跟语法化机制有关的三对概念,载《语法化与语法研究》(四)333-346页。关于隐喻和转喻,请参看Lakoff, George, and Mark Johnson(1980)*Metaphors We Live By*. Chicago: Chicago University Press;沈家煊(2008)认知语言学理论与隐喻语法和转喻语法研究,载《当代语言学理论和汉语研究》(商务印书馆)

305-320页。关于韵律学和一轻一重构成一个音步,请参看冯胜利(2000)《汉语韵律句法学》,上海教育出版社。关于"弱预测",请参看沈家煊(2004)语法研究的目标——预测还是解释?载《中国语文》第6期483-492页。